とうほく方言の泉

ことばの玉手箱〈上〉

はじめに

一九〇八（明治四一）年、上京した石川啄木は次の有名な歌を詠んでいる。

ふるさとの訛《なまり》なつかし停車場の人ごみの中にそを聴きにゆく　（『一握の砂』）

当時の東京はすでに大都会であり、その中では郷里の出身者も埋没しがちであった。しかも、国家の首都たる東京では、東京語を土台にした標準語を話さなければいけなかった。おそらく、同郷の人々と堂々と方言で語り合うような機会には恵まれなかったのであろう。啄木は、東北からの大勢の人々が降り立つ上野駅に、故郷の方言に浸る空間を求めた。

この歌が私の目から見て興味深いのは、啄木が「ふるさと」を感じ取る手段として方言への接触を選んだという点である。これは、東京に出た人々にとって、なによりも方言が故郷の象徴としての意味をもっていたことを意味する。方言はすでにこの当時から、地域の人々の心に寄り添う存在であった。

啄木の歌から百年がたち、都市化の波は東京だけでなく東北の各地にも及んだ。そこで起こったことは誰とでも話が通じる共通語の普及であり、土地言葉としての方言は衰退の一途をたどった。しかし、そうした状況は、かえって方言を見直そうという機運をわれわれ現代人の中に生み出しつつある。

方言が故郷の象徴であるという意識は、啄木の時代よりも高まった。今や、方言は東京在住者だけでなく、地元に暮らす人々にとっても精神的な支柱となってきている。

本書は河北新報紙上で三年間にわたって連載されたコラム「とうほく方言の泉」の書籍版である。六人の執筆者は、毎週、腕まくりにねじり鉢巻きで一つ一つの言葉と向き合ったが、ここではさらにその原稿に改訂を加えた。その甲斐あって、本書には感性豊かな東北方言の世界が生き生きと描き出されている。

読者のみなさんも、故郷の方言についてわれわれと一緒に考えてくだされればありがたい。ふるさとのなまりは、上野駅ではなく、ぜひこの本の中で味わっていただきたい。

東北大学方言研究センター教授　小林　隆

目次

ア行

アイドルオンナ

アイドリ（餅つきのこねどり）

絶妙の間合い 隠し味に

臼と杵《きね》を使う餅つきには相方が必要だ。つき手が杵を振り上げている間に、餅がちょうどよい柔らかさになるように水をつけたり、餅をこね返したりする大切な役目である。

餅つきの相方のことを、一般に「コネドリ（捏取）」や「ウスドリ（臼取）」と言い、ともに起源は江戸語に求められる。一方、東北六県と新潟、長野で用いられるのがアイドリ（相取）で、東北方言ではエァンドリのように発音されることが多い。

アイドリとは、「事を共にする、人の助けを借りて行う」という意味を持ち、古くは鎌倉時代中期の説話集『古今著聞集《ここんちょもんじゅう》』（一二五四年）に見える。江戸時代になって、餅つきの「こねどり」の意味も生じた。

「エァンドリいがったがら、今年も、うめ餅でぎだなや（こねどりが上手だったから、今年も、おいしい餅ができたなあ）」。餅つき機で出せない風味があるとしたら、それはアイドリが持つ隠し味かもしれない。

（志村 文隆）

アイナ（兄、長男）

親愛の意味加わり変化

兄や長男を指す方言のなかで、おもに青森県の旧南部藩地域や岩手県、秋田県で使われてきた言葉の一つである。エァナのように発音されることが多い。

他人の家の兄や長男などを言う場合は、敬意を表す「サン」を付けた。「おだぐ（お宅）のエァナサン、おがったなっす（大きくなりましたね）」。本人に呼び掛ける時も使う。「エァナサン、よぐおでんすたごど（よくいらっしゃいましたこと）」

江戸時代の全国方言集『物類称呼《ぶつるいしょうこ》』（一七七五年）に「兄（中略）奥の南部にて、あいなといふ」とあり、既に東北北部で使われていた。若主人や息子、青年などの意味で用いられる地域もある。

語源説のなかでは、親愛の意味を表す接尾語「ナ」が、「アニ（兄）」に付いてアニナになり、アイナに変化したとするのが有力か。東北南部などでも使われる、似た形の「アンニャ」は「アニヤ」で、別系統になる。大切にされたアイナサン。跡継ぎが特に力を持っていた時代が透けて見える。

（志村　文隆）

アエブ（歩く）

「行こう」と誘う意味も

アエブは、「アユム（歩く）」が平安時代以降アユブとなり、さらに発音が変化してできた言葉である。この言葉が東日本、とりわけ東北地方に広まったのは、江戸でもアイブ、エエブという形で盛んに用いられたからであろう。

仙台弁では「おら家（え）のおぼごも、よーやっとあえぶよになりした（うちの子もやっと歩くようになりました）」などと言うが、単に「歩く」ことを意味するよりは、「あんだも買い物あぇべ（あなたも買い物に行こう）」のように相手を誘う場合によく用いる。

アバイン、アバエは、宮城特有の丁寧な言い方で、「あんだもあばいん（あなたも一緒に行きましょう）」などと女性がよく用いる。アバインは、仙台市内のショッピングセンターの名称にもなっている。れっきとした仙台弁でありながら、ローマ字で「abAin」と表記された大きな看板からは、不思議にもしゃれた外国語風の語感が感じられて面白い。

（遠藤　仁）

アエマズ（怪我・災難）

「アヤマチ」の意に似る

語形から容易に推察されるように、現代共通語の「アヤマチ」とは姉妹関係にある言葉だ。

アヤマチは、古く奈良時代の『万葉集』に「失敗」「過失」の意で例があり、鎌倉時代の『平家物語』『徒然草』に、過失によって「怪我《けが》」をしたという例が見える。これが地方に伝わり、東北地方ほか中部、中国、四国、九州地方の一部で用いられている。

ちなみに、「怪我」はポルトガル人宣教師たちの手になる『日葡辞書《にっぽじしょ》』（一六〇三～〇四年）に、「失敗、または不測の事態」とある。「過失による負傷」の意は、江戸時代以降に生じたものである。したがって、「怪我の功名」という慣用句には、けがの古い意味が息づいている。

現代共通語のアヤマチは、古風で書き言葉的な趣をもっている。意味的には、不注意に起因したり、道義的な意味合いが強調されたりする場合に用いられ、「失敗」「過失」などの類義語と使い分けがなされている。

（遠藤　仁）

アオモノ（山菜）

清冽な渓流、恵みの宝庫

バッケ、カタクリ、ギョウジャニンニク、ノビル、ツクシ、タラノメ、アイコ、シドケ、コゴミ、ウド、ゼンマイ、ウルエ、ミズ、ワラビ、ネマガリダケ等々、こうしてみると山の恵みは実に豊かだ。山深い清冽《せいれつ》な渓流沿いは「アオモノ」の宝庫といわれるが、どこで何が採れるかは親兄弟にも内緒なのだという。

アオモノとは「山菜」の総称であり、岩手、山形、茨城、新潟、長野などで用いられる。それらの地域では、よほど共通語的な場面でなければ「サンサイ」とは言わない。

アオモノは「野菜一般」も指すが、そのルーツは女房詞にあり、室町時代に御所に仕える女官たちがつづった日記『御湯殿上日記《おゆどののうえのにっき》』（一四八〇年）に例が見える。もとは菜っ葉を指す言葉だった。東京に「青物横丁」という地名・駅名があり、江戸末期に近隣で収穫した野菜を持ち寄って市を開いたことが始まりとされることから、共通語にも受け入れられている言葉だ。

（遠藤　仁）

アカ（頭皮のふけ）

鱗や苔に例えることも

頭を掻《か》きむしると出てくる白い物。共通語では、ふけと呼ばれる厄介な存在だが、方言の世界では興味深い存在だ。

青森、秋田、岩手、山形、福島には、頭皮のふけをアカと呼ぶ地域があり、皮膚の汚れの「垢《あか》」と区別しない。ふけは平安時代の辞書で「安加《あか》」と説明されているから、ふけを垢の一種とする見方は、このころまで遡《さかのぼ》れそうだ。

ところで、平安時代には、鱗《うろこ》を意味する古語のイロコで表現されることもあった。江戸時代の仙台でも頭皮のふけをウロコと呼んだことが、当時の方言集『浜荻』に記録されている。西日本に目を向けると、高知、熊本、宮崎にはコケと呼ぶ地域がある。植物の「苔《こけ》」も頭皮のふけも、表面をおおう薄片という特徴は同じだ。

頭皮のふけを垢や苔と区別しなかったり、鱗に見立てたりするなんて理解できないというのは共通語の常識にとらわれている。共通語の常識は、方言の世界でたやすく崩れる。

（櫛引　祐希子）

アガスケ（目立ちたがり屋）

「積極的な人」の意味も

学生のころ、何にでも「おれがおれが」と首を突っ込む、お調子者で目立ちたがりの同級生が、クラスに一人はいたものである。そのようなタイプの人を、山形ではアガスケと言う。

ではなぜ、アガスケと言うのだろうか。岩手や秋田では、自分の思い通りにふるまうことを「アガツク」と言い、山形では調子に乗ってばかげた行動をすることを「アガツカス」と言う。これらの言葉との関連を考えると、アガスケはもともと「アガッケ」であり、「ツケ」の部分が「〜な人」を表す「スケ（助）」と混同されてできた言葉と思われる。

ところで、「あいつはアガスケだ」と言う時は、たいてい批判的な評価を込めているのであるが、山形県山辺町では、アガスケに「物事に積極的に取り組む人」という肯定的な意味を与え、「あがすけ魂」を地域活性化のキーワードとしているようである。本来の意味とは異なるものの、これからの若者は、周囲の批判など気にせずに出しゃばるくらいがちょうどいいのかもしれない。

（澤村　美幸）

アカメテー（あかんべい）

赤目で示す拒否や軽蔑

子どものけんか場面は、真剣勝負の状況だけに、方言が生き生きと使われる瞬間の一つだった。ある子どもが指先で自分の下まぶたをひっくり返して裏の赤い所を見せながら相手に言い放った。「アガメッテー！」

共通語のアカンベーは、アカメ（赤目）が変化してできた言葉で、相手への拒否や軽蔑を表す時に使い、江戸語に用例がある。東北や北陸地方などにはアカメ、アカーメ（赤目）も残るが、特に東北六県で使われてきた言い方がアカメテーである。

似た言葉に、宮城のほか青森や岩手で使われた「エーロ」がある。不承知の意味でアカメテーに近いが、こちらは舌を出しながら言うことが多い。土井晩翠の妻の八枝が著した『仙台の方言』＝一九三八（昭和十三）年＝にも「あかーめが下瞼《まぶた》をむいて不賛成を示すのに、これは長く舌を出してえーろといふ」とある。

近頃、赤目の表情は、けんかには呼ばれなくなったが、「にらめっこ」の中では活躍しているようだ。

（志村　文隆）

アカモモ（トランプのハート）

逆さまの形 果物を連想

突然だが、アカナスをご存じだろうか。実はトマトの方言で、東北では青森、山形、福島の一部で用いられている。トマトがナス科ということもあろうが、トマトという名前が定着していなかったため、このような名で呼んだのだろう。方言では外国からやって来たものを独自に解釈した結果、ユニークな名称が生み出されることは珍しくない。

アカモモもその一つである。トランプのハートを表す山形の方言で、逆さまにしたハートを赤い桃に見立てたらしい。ちなみにスペードはクロモモと呼ぶ。あの形を桃と言うのは強引な気がしないでもないが、アカモモからの類推によって名付けたのだろう。さらにクラブはミツパ（三つ葉）、ダイヤはカク（角）またはヒシ（菱）という。

西洋ではハートは心臓、スペードは剣の象徴である。それらが山形で桃と呼ばれるのには、何か理由が存在するのだろうか？　そういえば、キングやクイーンにも方言名があるのだろうか。ご存じの方はぜひご一報いただきたい。

（澤村　美幸）

アガル（新聞に掲載される）

人目を引きやすくする

「アガル」は複数の意味を持つ多義語だ。基本的には「二階にアガル」のように低い位置から高い位置に移動することを表すが、「歓声がアガル」とか「雨がアガル」だと下から上への移動というイメージは薄れる。

岩手や宮城で使う「新聞さアガル」も、一見すると低い所から高い所への移動を表すアガルとは関係がないように思える。そもそも、なぜ新聞に掲載されることをアガルというのか不思議に思う人も少なくないだろう。

そこで視点を変えて考えてみたい。今まで低い所にあった物が高い所に移動したら、どうなるだろう。高い所にある方が人目を引きやすくなり、広く知られるようになる。同じことが新聞の掲載にも言える。記事になれば世間に広く知られるようになる。新聞に掲載されることをアガルと表現するのは、これが理由ではないだろうか。

東日本大震災から二年。今後どのような震災関連の記事がアガルのか、東北に縁のある者として注目していきたい。

（櫛引　祐希子）

アガル（卒業する）

「サガル」を使う地域も

三月は卒業式の季節だ。山形では卒業することをアガルと言う。もっとも、「学校（を）アガル」が卒業で、「学校さアガル」が入学であるから、ちょっと気をつけないと意味を取り違えてしまう。

ところで、全国的に見ると、関東・中部から近畿・四国にかけて、アガルとは正反対のオリルやサガルで卒業を表す地域がある。「仕上がる」という言葉もあるように、ものごとが完遂することがアガルであり、卒業のアガルは学業の成就を意味している。一方、学校という尊重すべき場所から退くことを謙遜して表現するのがオリル・サガルである。それぞれ、言葉の成り立ちは理解できるものの、正反対の語が同じ意味で使われると混乱しそうである。

しかし、これはまだよい方で、サガルの場合には、ずっと西、九州の大分、宮崎まで行くと落第の意味になるから大変だ。話し相手の出身地が分かればよいが、そうでない場合には、相手の顔色を見て意味を判断せざるをえない。

（小林　隆）

アキサカ（秋の初め）

夏終わり 衣替えの境界

「あきさかになったら、袷着なくてがえんつぉわ」。これは、土井晩翠の妻である八枝がまとめた『仙台の方言』の「アキサカ」の使用例である。秋の初めは衣替えの時期でもある。アキサカは宮城、岩手、山形で使う。山形では「アキサゴロ」とも言うらしい。ハル（春）サカ、ナツ（夏）サカ、フユ（冬）サカもあるのではと調べてみたが、手元の方言集には載っていない。

アキサカは古い文献にも出てこない。だから、どのような経緯で生まれた言葉なのかを知る手だてが何もないのだが、ここでは「～サカ」について想像力を働かせてみたい。

古語の「ウナ（海）サカ」「イワ（岩）サカ」といった言葉の「～サカ」は境界を表す。秋の初めは夏と秋の境界に位置するわけだから、もしかしたらアキサカの「～サカ」のルーツは古語の「～サカ」にさかのぼるのかもしれない。

いずれにしても、こんなすてきな言葉を作ってくれた先人に感謝したくなるくらい気持ち良い季節がやってきた。

（櫛引 祐希子）

アギビカラ（アケビ果皮）

熟すと裂ける実を包む

八百屋の店先に並ぶ紫色に熟したアケビは、秋の到来を感じさせる。

アケビの語源には諸説あるが、熟すと実が裂けることから「アケミ（開実）」の転とされる。古く平安末期の漢字字書『新撰字鏡《しんせんじきょう》』に「阿介比《あけひ》」とあり、これを岩手、宮城、秋田、山形、福島では「アギビ」と呼ぶ。実も甘いが、種がたくさんあって食べにくい。むしろ独特の苦みがあっておいしいのは「カラ（果皮）」の方だ。洗って実を取り出したら輪切りにし、砂糖、みりん、みそを入れて炒めただけでもおいしいが、炒めたひき肉に舞茸・長ねぎを加え、みそ、砂糖、酒で味をととのえ、これを果皮に詰めて、フライパンで両面をこんがり焼いたら絶品だ。読者の皆さんにも、きっと自慢のレシピがあるに違いない。

古来、かご細工も行われてきたが、つるの処理や編む手間、編み手の不足などもあってか、店頭に並ぶかごの価格たるや、ブランド品のバッグにもひけをとらない。（遠藤　仁）

アク（灰）

虫の「ハエ」と呼び分け

嫌われる虫の代表、ハエ。ブーンと飛んでくればたたかれてつぶされるか、殺虫剤で殺される。この嫌われもの、東北方言のアクと深い因縁がある。

東北方言のアクは灰を表すが、共通語のアクは①洗濯や染め物に使うために灰を水に浸してとった上澄み液②植物に含まれる渋み③人の個性が強いこと—を表す。①の意味に灰がかかわっていることから、この意味が変化して東北ではアクが灰を意味するようになったと考えられる。

不思議なのはこの変化が東北で起きたことだ。それには東北方言の発音が関係している。東北には「ハ」の音の後に「イ」や「エ」が続くと「ヘェ」と発音する地域が多い。勘の良い方はもうお気づきだろう。そう、東北では灰（ハイ）も虫のハエも同じ「ヘェ」という発音になってしまうのである。そこで灰はアク、ハエはヘェと呼ぶことで混乱を避けたのではないかと見られている。ハエは東北方言のアクを誕生させた立役者と言えるだろう。

（櫛引　祐希子）

アクション（くしゃみ）

実際の音を強調し変化

夏の終わりになると、朝晩、急に涼しくなってくる。こういうときこそ風邪にご用心。薄着のままでは「はくしょん！」とやりかねない。

このくしゃみにも方言がある。東北でとりわけ特徴的なのはアクションであろう。地域によってはアクショ、アキショなどといった言い方もある。外来語風にも聞こえるが、くしゃみの実際の音を模した擬音語と考えられる。その点では共通語のハクションと同じだが、単語の頭が「ハ」ではなく「ア」であるところがおもしろい。

ところで、「くしゃみ」の語源も、クシャンとか、クションなどといった擬音語であったにちがいない。そのクションの頭に「ア」を付けて強調したのがアクションであろう。さらに、「ア」の語気を強め「ハ」と発音することで生まれたのがハクションだと考えられる。変化の順に、クション→アクション→ハクションと並べてみると、日本人のくしゃみはだんだん大げさになってきたように見える。

（小林　隆）

アクト（かかと）

馬の部位　人にくら替え

東北方言で「かかと」といえばアクト。東日本で広く使われ、中部地方のアクツ、九州以南のアドなどとともに「かかと」最古の系統の語とされる。一方、近畿地方を中心に分布する「キビス」は平安時代から見え、江戸時代までは文章語としても用いられてきた。「引き返す」意味の慣用句に「きびすを返す」がある。さて、このアクトには意外な歴史が潜んでいる。

アクト自体は鎌倉時代中期の『名語記《みょうごき》』のほか、『日葡辞書《にっぽじしょ》』（一六〇三年）に「馬の足のくぼんだ部分」を表す言葉として登場する。ところが、江戸前期の文献、たとえば仙台方言集『仙台言葉以呂波寄《いろはよせ》』（一七二〇年）には「あくと、きびすの事」とある。どうやらこの間に「人間のかかと」の意味にくら替えしたようだ。

せっかく馬からもらったアクト、標準語の座は関東方言「カカト」に譲ったが、日々馬に感謝しながら歩くとしよう。方言の来歴は足元にも隠れていたりする。

（志村　文隆）

アケズ（トンボ）

秋の虫、東西両端に残る

トンボを表す東北方言として、多くの方言集にも登場してきたアケズになかなか出会えなくなった。ある日、沖縄本島で思いがけずアーケージューを耳にした。はるか南西の地でのアケズとの再会だった。

アケズは青森を除く東北各地に分布し、「トンボ」などがひろがる日本中央部を広く挟んで、宮崎、鹿児島、沖縄でも使われてきた。アケと言う地域もある。奈良時代の『古事記』にアキヅがあり、トンボ最古の言葉である。語源はアキツムシ（秋の虫）か。実りの季節を象徴する昆虫とされたことから、「稲のよく熟する国」の語源説もある日本の国の古称アキツシマとの関係があるとされる。

十世紀までにアケズは奈良や京都を離れてしまう。「カゲロフ」や「ヱムバ」が現れ、その後、「トンボ」なども各地に押し寄せるなか、アケズは東西の両端に踏みとどまるように残り、生き続けてきたことになる。舞い立つアケズ。東北の実りの秋を待っていたかのようだ。

（志村　文隆）

アゲル（開ける）・アンゲル（上げる）

異なる発音で使い分け

東北の発音には独特の特徴がある。気仙沼のボランティアの方々から、地元の発音は声がこもったり、くぐもったりして聞こえるという感想が聞かれた。この「こもる」「くぐもる」ことの原因はなんだろうか。

私が見るところ、発音が濁ったり、鼻にかかったりする現象が関係していると思われる。これは、例えば、「開ける」のアケルがアゲルと濁音化する現象である。同様に、「的」のマトがマドと濁る。そして、これと関連して、「上げる」「窓」の発音が鼻にかかり、大げさに言えば、アンゲル、マンドのように聞こえる。

それにしても興味深いのは、たとえ発音が濁り、鼻にかかったとしても、言葉の意味はちゃんと区別されている点である。つまり、共通語では、アケル対アゲル、マト対マドで区別される意味が、東北ではアゲル対アンゲル、マド対マンドで区別されているのである。郷に入っては郷に従え。このシステムの違いを理解しておくと、思わぬ誤解をせずにすむだろう。

（小林　隆）

アサガオ（桔梗）

語り継ぐ古代語の名残

二十四節気の小暑、梅雨明けにはちょっと早いが、暦のうえでは本格的な夏を迎える。江戸情緒豊かな東京入谷《いりや》では、七月六日から三日間、夏の風物詩のひとつ朝顔市が開催される。共通語の「アサガオ」は、中国から渡来したヒルガオ科の一年草を言い、薬用として平安時代初期から栽培された。観賞用として盛んに品種改良がなされたのは、江戸時代以降のことという。

ところで、山形県最上・庄内地方では、アサガオは桔梗《キキョウ》の名称とされる。古く万葉集の歌に、秋の野に咲く桔梗の古名として詠まれ、平安時代初期の漢和字書『新撰字鏡《しんせんじきょう》』でも、「桔梗」に「阿佐加保」と訓があてられているから、古代語の名残を今に伝えるものといえる。

アサガオという名称は、早朝に花開く美人顔というあたりにその由来を求めることができるだろう。ちょうどハスも美しく開花するころだ。夏の花を風流に味わうには、早起きが必須のようだ。

（遠藤　仁）

アザグ（かき回して探す）

こっそりと人目を避けて

子どもにとって年長者の持ち物は魅力的だ。しかし、なかなかさわらせてもらえないので、持ち主が居ないのを見計らって、こっそり引き出しなどをアザイて叱られた覚えはないだろうか。

アザグは、どちらかといえば堂々とひっかき回して探すことを言うのではない。無断で、持ち主に知られないようにこっそり探す秘密めいた行為なのだ。だから発覚すると、「おれな机の中アザエだの誰だ！」などときつく叱られることになる。共通語を当てようにも、一語で的確に言い表すことは難しい。

方言としての使用地域はそれほど広くはなく、都で使われた形跡もない。「かき回して探す」意で宮城県南部、山形、茨城、「ほじくる」「（鳥獣が）えさを探す」意では福島で用いられる。語源は、「（鳥獣が）えさを求める」意で古く『万葉集』にも例の見える「アサル（漁る）」、あるいは「探し求める」意で『日本書紀』にも例のある「アナグル」との関係も考えられるが定かではない。

（遠藤　仁）

アサテッカリ（急変する天気）

知恵と五感 空模様予測

朝目覚めて外を見ると、空がまぶしいくらいに光り輝いている。こんな時、「今日は一日いい天気に恵まれそうだ」と思うだろうか。それとも、「傘を持って出かけなくては」と思うだろうか。

あくまで筆者の推測だが、現代人はこの場合、「いい天気になりそうだ」と思う人が多いのではないかと思う。しかし昔の人は、まぶしすぎるほどの朝の天気は、後に曇ったり雨になったりする予兆として捉えたらしい。このような、朝の快晴から対照的な天気へと急変することを青森、岩手、宮城、秋田、山形でアサテッカリと言う。言うまでもなく、テッカリは光っている様子を表すテカリが変化したものだ。朝こうした天気であった場合には、「今日の畑仕事は天気が崩れる前に終わらせよう」などと注意したそうである。

現代のように天気予報が無かった時代には、先人の知恵と自分自身の五感とを用いて自然と向き合い、天気の動きを予測することが求められたのだろう。

（澤村　美幸）

アジダス（思い出す）

明治まで東京でも使用

れっきとした方言でありながら、共通語に似ているため、方言集に載りにくい言葉もある。「アジダス」もそのひとつだろう。青森、秋田、岩手、宮城、山形で用いられ、「ン」を省かずに「アンジダス」と言う土地も多い。「アジツケル」とも言い、山形・新潟には「アンツケル」「アツケル」「アツケダス」という言葉もある。

室町時代の軍記物『太平記』に「あれこれ工夫して考え出す」意で例のみえる「案じ出《いだ》す」に由来する。明治時代まで東京でも同様の意味で用いられた。

一方、土井晩翠の妻の八枝が著した『仙台の方言』＝一九三八（昭和十三）年＝で、アジダスは「思い出す」意と説明される。「どさほろってきたがおぢづいでアジダシてみさえ（＝どこに落としてきたのか落ち着いて思い出してごらん）」などと用いられた。

関連して、アツコド・アズコドと言えば、「案じ事」すなわち「心配事」という意味になる。案ずる人の心が感じられる温かみのある言葉だ。

（遠藤　仁）

アシノヒラ（足の甲）

山形と福島は裏を指す

「手の平《ひら》」と言えば、指を折り曲げたときに内側になる方を指す。それでは、足はどうだろうか。「足の平」という言い方は共通語では使わないが、東北方言にはある。ただ、それが指し示す部分は、地域によって異なっている。

山形や福島では、アシノヒラは足の裏を指すことが多い。一方、青森や岩手、秋田では主に足の甲を表す。宮城は両者が入り混じる。古い文献によれば、もともと、アシノヒラとは足の甲を指した。だから、青森、岩手、秋田の使い方の方が古い。ところが、実際の手足の形状を比較すれば分かるように、手の平に対応するのは足の裏の方である。そこで、手と足の統一性を図るために、アシノヒラが足の甲から足の裏に意味変化を起こした。その変化した新しい使い方が、山形、福島のアシノヒラである。

それにしても、アシノヒラが足の正反対の面を指したのでは困るのではないか。青森と福島の人が話をするときに思わぬ誤解が起こらないか、少々心配になってしまう。（小林　隆）

アズガウ（世話をする、看病する）

平安時代の用法の名残

以前はよく「娘、お産で、アズガエ行ってきた（娘が出産なので、世話をしに行ってきた）」などという言い方を耳にしたものだが、方言の「アズガウ」は青森、秋田、岩手、宮城で「世話をする。養育・扶養する」、青森、秋田、岩手、福島で「（家畜などを）飼育する」、秋田、山形で「病人を看護する」など、意味がかなり限定される点に特色がある。いずれも平安時代の『枕草子』『源氏物語』などに見られる古い用法の名残である。ちなみに、看病する人を山形で「アズガエト」と呼ぶ。

一方、形が似ていて紛らわしいが、青森、秋田、新潟では「アズガル（預かる）」という言い方で「世話をする、養育する、飼育する」意をあらわす。これも古く平安時代の『土佐日記』などに例のある「人や物の処置・保管を任される」意から転じたものであろう。

方言のアズガウ・アズガルには、共通語のいかにも物を扱うような語感はなく、扱う人の心を感じさせる温もりがある。

（遠藤　仁）

アズキママ（赤飯）

慶事に必須　素朴な命名

卒業、就職、そして入学と、春はめでたいことの多い季節である。赤飯はそうしたお祝いには欠かせないものだ。今は卒業パーティーや祝賀会に様変わりしたが、私の学生時代は卒業式の日に、大学から赤飯が配られたのを覚えている。

この赤飯を東北の各地でアズキママとかアズキマンマなどと呼んでいる。アズキは小豆であり、ママは飯《めし》のことである。青森や岩手にはアズキメシの言い方もある。一方、福島にはアカママが見られるが、これはその色からの命名である。アズキママにせよアカママにせよ、至ってシンプルな命名で、その素朴さがかえってお祝いにふさわしい感じがする。

このほか、秋田には強飯《こはいひ》から来たコワイが、山形には本書でも紹介するフカシの類が用いられている。これらの製法も、炊くか蒸すか、豆の種類は何か、食紅を使うか等々、地域ごとに異なる。食の豊かさと方言の多様さ、東北ではこの二つの文化の魅力を同時に味わうことができる。

（小林　隆）

アズケル（与える）

東日本のみ意味が変化

学生のころ、家庭教師として通った仙台在住のご家庭には二歳の男の子がいた。「じいちゃんたら、またおもちゃアズケて」。孫におもちゃを買い与えるご主人に奥さんが言っていた小言が、今も耳に残っている。

共通語のアズケルは、相手に物を一時的に渡しても所有権は自分の手元に残るが、方言のアズケルは、物だけでなく所有権も渡すことで相手に物を与える意味で使われる。

共通語のアズケルの意味は、平安時代の奈良や京都で使われていた時から変化していない。一方、与えるという方言の意味のアズケルは共通語の意味が変化して生まれたと考えられるが、方言の意味でアズケルを使う地域は東北と関東に集中し、岐阜から西側にはない。どうもアズケルの意味が変化したのは東日本だけのようだ。

もう、あの時の坊やは小学六年生になった。おじいちゃんとおばあちゃんの愛情を一身に受けて育った彼が使うアズケルは、共通語の意味だろうか。方言の意味だろうか。

（櫛引　祐希子）

アズマシイ（心地よい）

視覚の快適さも表現

大学時代の友人から連絡があった際、このコラムのことが話題になった。今回は、彼女の地元、津軽方言のアズマシイを取り上げてみたい。

アズマシイは共通語訳の難しい言葉である。強いて訳せば、「心地よい」や「気持ちいい」だろう。例えば、ちょうどいい温度のお風呂に入った時に、「なんぼアズマシイ湯っこだきゃ（なんと気持ちのいいお湯だこと）」などと言う。しかし、アズマシイは次のような場合にも使われる。前述の友人は、部屋が汚いと母親に「アズマシクして！」と怒られたそうだ。この場合は、「きれいに」と訳すのが自然である。

これらの関係を整理すれば、アズマシイの意味は、身体で感じる快適さから、整然とした美しさといった、視覚で感じる快適さをも表すようになったものと思われる。

アズマシイのように、単純に一語の共通語に置き換えられない方言は少なくない。方言でしか表現できない絶妙な感覚は、どの地域にも存在しているのだろう。

（澤村　美幸）

アツケ（暑気あたり）

熱中症 平安時代も心配

誰にでも好き嫌いはあると思うが、実家では食べ残しは許されなかった。夏場の食卓に上る夕顔も、無理やり口にするうちに食べられるようになったものの一つである。

夕顔はウリ科の果実で、水分が多いため味がせず、ほのかに青臭い。どちらかと言えば子どもが喜ぶ味ではない。祖母によく「アヅゲの薬だからけぇ（食べろ）！」と言われたが、「アヅゲって何？」と聞き返すとさらに怒られそうで、黙々と箸を動かしていた記憶がある。

アヅゲとは平安時代から文献に見られる「あつけ（暑気）」のことであり、今で言えば熱中症のことである。山形ではアヅゲと濁って発音されるが、山梨、三重、香川、高知、鹿児島ではもとのアツケという形での使用が確認されている。分布範囲の広さから言って、昔は全国共通の言葉だったのだろう。

時代は変わり、扇風機やクーラーが発明されても、熱中症で倒れる人は後を絶たない。苦手なものを無理して食べなくともいいが、自分なりの対策は必要であろう。（澤村　美幸）

アツコツ（適当）

文脈により異なる意味

ものごとのちょうど良い加減を見極めるのは難しいものだ。やりすぎると「そだなにネッヅグさんたといい（そんなに熱心にやらなくともいい）」と言われ、いいかげんにすると「アッコッツしたんだべ」と責められたりする。

アッコツとは、本書で取り上げているネッヅイと同様に山形の方言である。共通語の「アチコチ」が発音の変化を被っただけでなく、意味も独自の変化を遂げている。共通語でアチコチと言えば、いろいろの方向や場所などを指すが、方言の場合は、あちらこちらに行ったりする人の行動を批判して、「いいかげん」や「適当」といった意味が生じたものである。

しかし、特にレシピも見ずに適当に作った料理を、「アッコツ作ったわりにはうまいっけよ」とほめることもある。この場合は、共通語の「適当」と同じで、きっちりしていなくてもポイントは押さえていることを評価して言うわけである。そのため、アッコツと言われた時には、前後の文脈に注意しなくてはならない。

（澤村　美幸）

アッタラモノ（惜しいもの・大切なもの）

価値示す「アタル」継承

あたらしい年を迎える準備も万端、気持ちもあらたに…などと書くと、まるで言葉遊びのようだが、なぜ形の似た二つの語が同じ意味を表すのだろう。

「アタラシ」は「アタル（相応の価値がある）」と関係があり、奈良・平安時代の『万葉集』や『源氏物語』では「惜しむ」意で用いられた。方言の「アタラ」は、この「惜しむ」意を継承し、「アッタラモノ」で「もったいないもの」「大切なもの」を意味する。岩手、宮城、山形、福島ほか、関東、北陸、九州・沖縄地方でも用いる。

一方、『万葉集』には「新しい」意の「アラタシ」という言葉もみえ、あまりに形が似ていることから混同されるようになった。平安時代末の漢和辞書『類聚名義抄』では「新」に「アタラシ」と「アラタシ」の二つの訓をあてている。

やがて「アラタシ」は「霊験あらたかな神様」など「効き目の著しいさま」を意味するようになり、「アタラシ」がもっぱら「新」の意味をあらわすようになっていく。（遠藤　仁）

アッペトッペ（ちぐはぐ）

江戸語の「アベコベ」変化

なんとも不思議な語感をもつ言葉である。意味は、「ちぐはぐ」「つじつまの合わないこと」「とんちんかん」というあたりだろう。仙台弁で「あんだ、アッペトッペ語っから、何言ってんだがさっぱりわげわがんね（あなたは順序立てて話さないから、何を言おうとしているのか全く意味が分からない）」などと用いる。

「アベコベ」から「アペコペ」を経て、さらに第三音節が「ト」に変化して「アペトペ」となったものであろう。アペコペは、江戸語としてよく用いられた言葉である。

アベコベは「彼辺此辺」に由来し、「ア（彼）」は遠くのもの、「コ（此）」は近くのものを指す。現代語の「アチコチ」「アレコレ」なども同じである。アベコベの起源は比較的新しく、江戸時代に求められる。それ以前は「カヘサマ（返様）」「ウラウヘ（裏表）」などと言っていた。ちなみに、「カヘサマ」は「カッチャ」「カエチャ」などの形で、東北方言としてもよく用いられている。

（遠藤　仁）

アテ（〜なんて）

なんちゃっての意味も

実家の父は歯が悪く、よくかまなければならない食べ物が苦手である。きんぴらごぼうなど作ろうものなら、「きんぴらアテかんね！（食べられない）」と怒られる。しかし、実際のところ父は、自分の好きなものなら、何も問題にせず食べている。要は嫌いなものを歯の悪さのせいにして一蹴しているのである。

このアテというのは、共通語で言えば「〜なんて」に相当する山形の方言である。基本的には「〜なんて」がすべて「〜アテ」になるので、生まれながらの山形人にとっては意外と使用頻度の高い言葉である。

しかし、単純に「〜なんて」と置き換えられない場合もある。例えば、居酒屋で注文したお茶漬けが一向に出てくる気配がないとき、「なしてこんなに遅いんだべ？」「米から炊いてるんねの…アテが！」などのように使う。こちらは「なんちゃって！」と訳すのが適当だろう。

皆さん、山形人が「〜アテが！」と言ったら、そこは笑うところなので、どうか一緒に笑ってあげてほしい。

（澤村　美幸）

アバ（驚きの叫び声）

感情に応じ言い方変化

突然、予想もしない出来事が起きて驚いた時、人はしばしば叫び声を上げる。東北の三陸地方では、驚いたときに「アバッ！」と叫ぶ。この叫び方だけでも十分にユニークであるが、さらに興味深いのは、驚きにともなうさまざまな感情に応じて形が変化することである。

たとえば、確実に合格すると思っていた試験が不合格だった時などは、落胆して力なく「アバーー」と言う。大事な花瓶を割ってしまった時には「アバッ」と短く言うが、これが「どうしよう、どうしよう」とあわてふためく時になると「アババババ、アババババ」などと繰り返して言う。この場合は、気持ちが落ち着くまで何度でも繰り返して言うらしい。

こうした驚いた時の叫び声にも地域差があることがわかってきたのはわりと最近のことであり、まだ十分に研究が進んでいない分野である。読者の皆さんも、周りの方々が驚いた時にどのような声を上げているか、こっそりと観察してみられてはいかがだろうか。

（澤村　美幸）

アベベノベ（選び歌）

物を選ぶ際の唱え文句

小学生のころ、物を選ぶのに「どちらにしようかな。神様の言う通り」などと唱えた経験をもつ人は多いだろう。先の唱え文句には続きがある。学生たちに聞いてみたところ、宮城では「あべべのべ」「あのねのね」「柿の種」「鉄砲撃ってバンバンバン」「赤トンボ、白トンボ、神様トンボ」「赤トンボ、黒トンボ、シオカラトンボ」など、地域によりさまざまな表現が続くという。学区ごとに微妙な違いもあるようだ。

福島や宮城には、「赤豆、白豆、黄色豆」「赤豆、白豆、さんど豆」「白豆、黒豆、天の豆」など、豆にまつわる唱え文句をよく用いる地域もあるという。

地方色の薄れた現代にあっては、子どもたちの言語生活も共通語的で画一的と受け止められがちだが、実は思いのほか豊かであるらしい。果たして、現在の小学生は、どのような選び歌を唱えているのだろう。子どもたちの世界にも厳然と受け継がれているものがあることを知り、なにかほっとさせられたような気がした。

（遠藤　仁）

アマイ（塩味が薄い）

甘味貴重な時代の古語

東京にいる二歳のめいは食べることが大好き。「あまくて、おいしい」と言いながら、お菓子はもちろん、果物や野菜も残さず食べる。

今でこそアマイは甘味を表すが、歴史をさかのぼれば『万葉集』に塩味が薄いことを表すアマイが登場する。方言には古語が残っていることがあるが、塩味が薄いことを表すアマイも、東北、中部、中国、九州、沖縄に方言として残る。

では、塩味が薄いことをアマイという地域では、砂糖の味はどう表現したのか。宮城、山形、岩手では砂糖の味はアマコイやアマチコイと言ったが、青森、秋田、そして岩手と山形の一部ではウマイと言った。鹿児島と奄美にも砂糖の味をウマイと言う地域がある。これは、砂糖が貴重で、その味が特別な美味とされた時代の名残だと考えられる。日清戦争以降、砂糖は一般家庭に普及し、日本料理と和菓子に大きな影響を与えた。

甘味に恵まれた現代の生活。めいの笑顔を見ながら、その幸せを味わう。（櫛引　祐希子）

アマウリ（真桑瓜）

涼呼ぶ甘み 平安期から

今ではあまり見かけなくなったが、夏のおやつによく真桑瓜《まくわうり》が出た。田舎の親戚からもらったり、近くに立つ市で買い求めたりするのだが、子どもにとってはスイカほどの人気ではなかった。

さて、この真桑瓜のことを、東北一帯でアマウリと言う。「甘い瓜」という名付けであろう。ほかに、アジウリ、カンロなどという地域もあり、これも同様に、「おいしい味のする瓜」「甘露のような甘い瓜」といった意味である。すでに、平安時代末期の『梁塵秘抄《りょうじんひしょう》』に、「清太が造りし御園生《みそのう》に、にが瓜、あま瓜のなれるかな」と歌われており、かつては、アマウリという言い方が一般的に行われていたらしい。ちなみに、「にが瓜」の方は今流行のゴーヤのことである。真桑瓜は種類が多く、中でも黄色のものを「きんか（金瓜）」と称した。このキンカも真桑瓜を表す東北方言として残っている。

メロンとはまた一味違うアマウリの素朴さは、猛暑の中、かえって涼を呼ぶようだ。

（小林　隆）

アマケル（雪が水気を含む）

春近く雨らしい状態に

昨年の冬は記録的な大雪であったが、二月も中旬を過ぎると日中は陽が射してくることも多いようだ。降り積もった雪も、少しずつアマケてくる頃であろうか。

アマケルとは山形で、雪が水分を含むことをいう方言である。どのような時にこの言葉を使うのかと言えば、水分量の多いみぞれのような雪を「アマケタ雪」と言うほか、積もった雪が水に変わって溶けだすことについても「雪、アマケてきたねー（溶けてきたね）」などと表現する。

語源については定説があるわけではないが、おそらく雨らしい状態を指す「雨気《あまけ》」という言葉を動詞化したものと思われる。なお、宮城には天気が崩れて雨が降りそうになることを指してアマケルと言う地域があるが、山形のアマケルはあくまでも雪限定で用いられるものである。雪がアマケてくれば春は遠くないが、日中にアマケタ雪は朝晩の冷え込みで再び凍ったりもするので手放しでは喜べない。道路の凍結や雪崩などには、くれぐれも注意されたい。

（澤村　美幸）

アマシダリ（雨だれ）

粒が連なり伸びる様子

梅雨ともなれば雨の日が続く。軒から落ちる雨だれは、うっかり首筋にでも入ろうものなら大声を上げなければいけないが、家の中で静かに音を聴くには心に沁《し》みるものがある。

さて、この雨だれにも方言がある。例えば、岩手県の気仙地方ではアマシダリとかアマシダレと呼ぶ。「垂れる」ではなく「し垂れる」と表現するあたり、雨の粒が長く連なって下に伸びる感じが表現される。このアマシダリは平安時代の辞書にも載っており、アマダレより古い言葉のようである。

山形県に目を転じると、置賜地方でアマダレボチという愛嬌《あいきょう》のある言い方が使われる。ボチは「落ち」ではないかと思われるが、ひとつひとつの雨粒に、小さな点を意味するボッチが重ね合わされた表現かもしれない。

雨粒に焦点を当てた言い方は、福島市のアマシズクもそうである。この言い方も由緒ある表現であるが、古典文学では「雨しずくと泣きけり」のように、はらはらと泣く様子の喩《たと》えに使われることが多かった。

（小林　隆）

アムアム（よくかむ様子を表す幼児語）

古語の「ハム」に由来か

土井晩翠と『仙台の方言』を著した妻の八枝は仲の良い夫婦だったようだが、子どもたちを見送る不幸も経験している。だから、子どもの言葉に関する方言を『仙台の方言』に見つけると心が痛む。たとえば「アムアム」。静かによくかむ様子を表す幼児語で、「あむあむして呑《の》んでやらえね」「あむあむとよっくかんで」といった用例が紹介されている。

おそらく、かんで飲み込むことを意味する古語「ハム（食む）」に由来するものだろう。山上憶良は『万葉集』で「瓜はめば　子ども思ほゆ　栗はめば　まして偲《しの》はゆ」と詠んでいる。この後に有名な「銀《しろかね》も　金《くがね》も玉も　なにせむに　優《まさ》れる宝　子に及《し》かめやも」が続く。

アムアムを使うのは宮城と岩手に限られるようだ。古語ハムの［h］の音が抜けてアムとなり、二度繰り返すことで幼児語として定着したと考えられる。

八枝は昭和二十三年に他界し、四年後、晩翠も息を引き取った。十月十九日は晩翠の命日だ。

（櫛引　祐希子）

アメフリバナ（昼顔）

「摘むと雨が」の俗信も

往年の映画ファンならご存じだろう、「昼顔」というフランス映画がある。「昼顔」とは、カトリーヌ・ドヌーヴ演ずる高級娼婦の源氏名であり、Belle de jour（昼間の美女）をそう訳したものである。しかし、どうもピンと来ない。昼顔は夏、炎天をものともせず花を咲かせる強健な雑草であり、この映画の役どころとは不釣り合いだからである。

ところで、東北一円では昼顔をアメフリバナと呼ぶ。かなり古くから使われていた名前のようで、江戸時代の全国方言集『物類称呼《ぶつるいしょうこ》』にも出てくる。ほかに、アメフリアサガオという名前が宮城や山形にあるが、これは姿の似ている朝顔と区別するためにそう呼んだものであろう。

アメフリバナの語源は「雨降り花」か。この花を摘むと雨が降るとか、雨降りの日によく咲くなどといった俗信に由来すると言われるが、本当のところはよく分からない。それにしても、冒頭の映画、「昼顔」より「雨降り花」の方が何となくしっくりくるのは私だけだろうか。

（小林　隆）

アメユキ（みぞれ）

冬から春へ　様態も変化

山形のアマケルは本書でも取り上げられている。雪が水分を含む様子を表す言葉で、みぞれをアマケタ雪と言ったりする。このアマケタ雪のことを、青森や岩手ではアメユキと呼んでいる。宮沢賢治の「永訣の朝」にも登場するので、ご存じの方も多いであろう。語源は「雨雪」、つまり雨のような雪という意味である。秋田ではアマユキとも言うが、これは、「雨模様」をアメモヨウ・アマモヨウの両方に言うのに等しい。

興味深いのは、アメユキと同じ発想の言葉が、遠く離れた九州でも使われていることだ。ただし、雨と雪の順序は逆で、ユキアメと呼んでいる。アメユキとユキアメ、両者に実質的な違いはなさそうで、その点、カレーライスとライスカレーの差に近い。

そう言えば、震災直後は雪に見舞われた。雪が降りしきる中、スーパーの開店を待って列に並んだ記憶がよみがえる。アメユキの季節を通りすぎれば、東北にも遅い春が訪れる。

（小林　隆）

アメル（腐る）

におい、少し甘酸っぱく

食べ物の保存に気をつかう時期は、冷蔵庫に入れずにおいたらアメル。この言葉、東北北部や北海道、三重県などで「食べ物が腐敗しはじめて饐《す》える」、地域によっては「だらける」などの意味を持つ方言で、本来の状態が損なわれる感を持つ。

岩手などでは、ご飯や煮しめ、汁物などが悪くなり、少し甘酸っぱいようなにおいが出ている状態をアメル、さらに進んだのを「クサル」と言う。加工されていない肉や魚にはアメルを使わない。

江戸時代の盛岡方言集『御国通辞《おくにつうじ》』に、江戸語「するゐる」に対して「あめる」が載る。語源ははっきりしないが、「アマ（甘）ユ（甘いにおいがする）」が関係したか。江戸後期の国語辞書『和訓栞《わくんのしおり》』には「アメ（豆汁）を動詞に活用した語」との説明も見える。

腐る一歩手前に出る甘酸っぱいにおいをキャッチしたのが「アメクセァ（アメくさい）」。万が一に備えて、この便利な方言の使用をおすすめしたい。

（志村　文隆）

アヤ（驚きや感動の言葉）

隠せぬ素の感情を表す

人は何かに驚いたり感動したりすると、こんな言葉を発する。「アァ」「オッ」「ワー」。でも、私の祖母は「アヤ」と言った。「アヤ、仕方ねぇこと」「アヤ、何だべ」と言う祖母の声は鮮明に覚えている。

方言辞典によると、驚いた時や感動した時に発せられる「アヤ」や「アヤッ」は、青森、岩手、秋田、山形で使う。東北以外では新潟や三重の志摩、長崎の壱岐でも使う。青森や岩手では「アヤヤ」「アヤアヤ」と言う地域もあるようだ。

アヤについて、感動詞の「ア」と助詞の「ヤ」が結び付いた言葉だと考える説がある。驚いたり感動したりした時に、アが使われていたことは平安時代の資料に記録がある。アヤ自体は、室町時代の『義経記』に登場するが、方言がこの名残であることを証明するには詳細な調査が必要だ。

アヤは、驚くとか感動するといった隠しようのない素の感情を表す。だから、優しいアヤもあれば意地の悪いアヤもある。アヤには、その人の人間性が表れる。

（櫛引　祐希子）

アラケル（乱暴する、暴れる）

語源「荒らす」と関係か

アラゲ虫をご存じだろうか。季節や地域を問わず生息する虫だ。もしかしたら皆さんも一度は目にしたことがあるかもしれない。

実をいうとアラゲ虫は昆虫ではない。秋田出身の祖母がよく言っていた言葉で、乱暴したり暴れたりする子どもをそう呼んだ。買ってほしいものがあって店の前で駄々をこねる子どもも、気に入らないことがあって物を壊す子どもも、立派なアラゲ虫だ。

アラゲ虫には岩手、秋田、山形で使う方言の「アラケル」が用いられている。アラケルは乱暴するとか暴れるという意味の動詞で、栃木、新潟、長野、島根、岡山でも使う。古い資料には登場しない言葉だが、共通語として使うアラス（荒らす）と語源的に関係がありそうだ。また、荒々しいという意味の東北方言のアラケナイとも何かつながりがあるかもしれない。

泣き虫や弱虫と同様、アラゲ虫も繁殖を抑えたい虫だ。とはいっても、アラゲ虫が祖母の造語だったかどうかを本人に尋ねることはもはやできない。

（櫛引　祐希子）

アワイニ（たまに）

場所の「間」が時間にも

「戸棚と壁のあわいこに書き付け落としてしまったや」。土井晩翠の妻、八枝の著した『仙台の方言』＝一九三八（昭和十三）年＝に、そんな文例が見える。「アワイ」は「間」「境目」を表わし、古く平安時代の『伊勢物語』にも「伊勢、尾張のあはひの海づらを行くに」（七段）とある。

鎌倉時代以降、アワイは時間的な意味も表すようになり、室町末期の京言葉を収めた『日《にっ》葡《ぽ》辞《じ》書《しょ》』（一六〇三～〇四年）に「場所や時間についての間」とある。土井八枝の『仙台の方言』に「なんぼ御用あらさんねたって、わだっしゃほさもあわいにござってくなえまづ（いくら御用がおありにならないでも、たまには私の家へもお出で下さいよ）」とあるのは、「たまに」「時には」など時間的な意味で用いた例である。

この言葉は、岩手、秋田、宮城、山形、福島のほか、関東、中部、近畿、中国四国地方の一部、沖縄でも用いられ、土地によっては「アウェ」に近い発音となる。

（遠藤　仁）

アンピンモヅ（大福）

あん餅の漢字音に起源

小学生の頃、祝いごとの折に、紅白の「アンピンモヅ」が配られた。つぶあんを餅でくるんだもので、一日たつと固くなり、焼いて食べた覚えもある。菓子など豊かな時代ではなかったが、小学生にあんこものはあまり歓迎されなかった。

もともと「餡《あん》餅」の漢字音アンピンに由来し、室町から江戸にかけては都の文献にも現れる。後に「ビン」の意味が分からなくなり、さらに「モチ」を重ねてアンピンモチとなったが、室町末期の京言葉を収めた『日葡辞書《にっぽじしょ》』（一六〇三～〇四年）では、意味のわかりやすい「アンモチ」しか見えなくなっている。

江戸中期の山形県庄内方言集『浜荻』（一七六七年）に「ねりもちヲ　あんびんもち」とある。「江戸にてはあんびんとも云《いわ》ず」との注記もあり、江戸でもすでに一般的ではなかったようだ。秋田、山形、栃木、群馬、埼玉、千葉、山梨、静岡、岡山、広島、山口などに残る方言はそうした名残なのである。


（遠藤　仁）

アンポンタン（干し柿・熟柿）

何か抜けている愚か者

東北では渋柿が一般的なので、ひと手間かけて渋を抜いて食べてきた歴史がある。いろいろな方法があるが、近代科学が発達する以前の先人の経験と知恵には驚くのみである。宮城、福島などでは、皮をむいてつるして干したもの（干し柿、つるし柿）や、そのまま木に残しておいて渋が抜けて柔らかくなったもの（熟柿、熟し柿）をアンポンタンという。アンポンタンとはもともと「愚か者」という意味で、安本丹と漢字を当てることがある。江戸時代後期の仙台の方言集『浜荻』にも「ばかなるものをあんぽんたんといふ」とある。薬の名になぞらえた表現であり、タン（丹）は「万金丹」「反魂丹」など、薬の名前につける語である。もととなったのは「あほたれ」あるいは「あほ太郎」であろうか。

ところでなぜアンポンタンと呼ぶようになったのか。禅問答式に言えば、「愚か者とかけて干し柿ととく」「そのこころは」「どちらも抜けている」といったところであろう。

（武田　拓）

イオ(鮭)

平安時代 物語文で使用

十月に入ると、山形県庄内地方にも鮭が遡上《そじょう》するようになる。いよいよ秋も深まってきた。

庄内藩士堀季雄《ほりときかつ》の手になる『浜荻』(一七六七年)に「鮭《さけ》ヲしやけ 庄内にていほといふ、通ぜず」とある。「シャケ」という言い方も江戸では好ましくないが、「イオ」は全く通じないというほどの意で、シャケは塩引きなどに加工された後の名称という意味合いも含むのだろう。

イオは、古く平安時代の国語辞書『和名類聚抄』(九三四年ごろ)に「魚、和名宇乎(ウヲ)、俗云伊遠(イヲ)」とあり、『伊勢物語』などの物語文でイオ、和歌ではウオを用いる傾向があるという。

イオは、魚の総称としてはわりと広く用いられているが、北海道松前、青森県津軽、秋田県、山形県最上・庄内、新潟県では、特に鮭を指す。イオから発音しやすい「ヨ」に転じたものの、語源がわからなくなり、「サゲノヨ」と呼ぶようになった土地もある。(遠藤 仁)

イカイカスル（喉の不快感）

とがった先でチクチク

かつて、いがぐりのような外見をした「エヘン虫」が登場する、製薬会社のテレビコマーシャルがあった。喉の不快感は、エヘン虫が暴れることで起こるという内容だった。最近は冬以外にも活動しているようで、風邪以外にも、さまざまな原因で喉の不快感を訴える人が多い。

先のとがった物で繰り返し突かれるような喉の不快感は、一般的に「イライラスル」「イガイガスル」という。「イラ」は「とげ」のことである。宮城、岩手、山形では、イカイカスルのほか、「イッカホッカスル」「エカポカスル」などともいう。これらは、小骨の多い魚を口にしたときの感覚、あるいは他人に対していばったり、とげとげしく当たり散らしたりするさまを表現したりするときにもいう。

岩手では「セラセラスル」「ゼラゼラスル」ともいう。東日本大震災後、支援者向けに作られた方言集にも載っているが、この表現の意味する感覚は、地元以外の人にはなかなか伝わらないであろう。

（武田　拓）

イキタイ（蒸し暑い）

使用頻度 昔以上に上昇

仙台の夏は海風が入ってしのぎやすいはずなのに、温暖化が進行してか、近年は蒸し暑い日が多くなった。秋田、宮城、山形、新潟などでは、蒸し暑いさまを「イキタイ」「イギボッタイ」と言う。先日訪ねた旧家のおかみさんは、木材が乾燥しすぎて羽目板が反り返ったり、床板が縮んで方々に隙間ができたりしているとおっしゃっていた。昔以上に使用頻度の上がった方言かもしれない。

イキボタイは江戸後期の仙台方言集『夷艸《ひなくさ》』ほか、土井晩翠の妻、八枝の『仙台の方言』＝一九三八（昭和十三）年＝にも見える。一方、イキタイは、山形県庄内に残る江戸後期の戯作に「ヤレヤレいきたいいきたいと手巾《てぬぐい》にて顔ぬぐひつつ入来るを見れば」とある。

イキタイやイキボッタイは、「熱気でむっとする」意の「イキレ（熱）」にそういう様子であることを示す「タイ」「ボッタイ」が付き、さらに変化したものとみられる。「煙タイ」「腫レボッタイ」と同じつくりの言葉だ。

（遠藤　仁）

イキナリ（とても）

「予想外」の意味は継承

宮城県を中心に東北南部では「とても」の意味で「イキナリ」を使う。イキナリおいしい。イキナリ遠い。イキナリおもしろい。共通語のイキナリしか知らない人には、不思議な使い方だ。

共通語では「人ごみでイキナリ肩をたたかれた」のように突然の出来事が予想外なことを表す。一方、方言のイキナリは物事の程度が予想外なことを表す。だから、料理の味を熟知している場合「イキナリおいしい」は言いづらい。

方言のイキナリは共通語のイキナリが変化して生まれた。子どもが親の遺伝子を受け継ぐように、共通語が表す〈予想外〉という意味をちゃんと受け継いでいる。

方言のイキナリを共通語と意識する人は比較的若い世代に多い。若い世代には共通語が浸透しているが、イキナリは方言と共通語の意味に同じ特徴があるから区別しにくいのだろう。昨今、良くも悪くもイキナリ驚くニュースが多い。あすの新聞はどんなニュースを私たちに届けてくれるのだろうか。

（櫛引　祐希子）

イグネ（屋敷林）

屋敷境の「イクヘ」変化

朝もやの仙台平野に浮島のごとく点在する屋敷林の景観は、実に見事である。屋敷林は全国に見られるが、宮城県から岩手県南部にかけての旧伊達領と福島県の太平洋側で「イグネ」と称される。漢字では「居久根」「家久根」と表記され、「イ」は「家」、「クネ」は「地境」を意味するところから、もともと「屋敷境」を意味した。「クネ」は、「柵」を意味する「クヘ」「クベ」の転じたものであろう。

仙台平野では、奥羽山脈から吹き降ろす季節風を防ぐため、屋敷の北西に植えられている。イグネの下には薪《まき》が積まれることもあり、これをキズマと呼ぶ。

春まだ遠いころ、イグネに守られてユズがたわわに実り、お茶がかれんな花をつけていることもある。イグネは冷たい季節風を防ぐばかりでなく、蝉《せみ》時雨の夏は、西日を遮り、ほっとするような涼をもたらしてくれる。

地産地消やスローライフと言われて久しいが、イグネは今も昔も変わらぬ豊かでゆったりとした暮らしも守ってきた。

（遠藤　仁）

イクレテンゲ（適当）

耳に留まる独特な語感

方言には、一度聞いたら忘れられない、ユニークな語感を持つ言葉が数多く存在する。「適当」を意味する山形県庄内地方の方言、イクレテンゲも、まさにそんな言葉の一つである。

イクレはイイクライ（よい位）、テンゲはタイガイ（大概）が変化したもので、どちらも物事の程度を表す言葉どうしが結びついたものである。共通語の適当のように、いいかげんという否定的な評価を表す場合もあれば、程よさを示すこともある。

ところで、元宮崎県知事の東国原英夫氏が所信表明演説で「宮崎をどげんかせんといかん」と方言で語ったことは有名だが、その際、「テゲテゲではいかん」と、従来の県政のいいかげんさを批判してもいた。このテゲテゲも、テンゲと同様にタイガイから変化したものだが、テゲを二回繰り返すことで、独自のインパクトがある言葉となっている。

思わず耳に留まる言葉の響きも、方言の魅力と言ってよいだろう。

（澤村　美幸）

イシケン（じゃんけん）

中国伝来「拳」から派生

勝ち負けや順番を決める場合、じゃんけんがもっとも簡単な方法であろう。「ジャンケン」が文献に出てくるのは江戸時代後期以降である。明治時代の小学校の教科書『尋常小学読本』には「じゃん、けん、ぽん」という掛け声が載っている。近年は「最初はグー、ジャンケンポン」が定着した。テレビのバラエティー番組の影響か。

もとをたどれば中国から伝わった「拳《けん》」という遊戯から派生したもので、江戸時代には「三すくみ拳」として、石・はさみ・紙をつかう石拳のほか、蛇・ナメクジ・カエルをつかう虫拳などがあった。

イシケン、あるいは単なる「ケン」はここからきた。ほかに「キッキ」というところもある。その際の掛け声は「キッキノ、キ」である。ところで不思議なことに、大人同士でじゃんけんをすることはあまりない。大人の世界では話し合いや譲り合いですべてうまく解決できている、とはとうてい思えないのだが。

（武田　拓）

イシャコロバシ（湯で薄めた汁）

医者いらず 養生の慣習

父がみそ汁にお湯を足して飲んでいるのを見て、薄めても全部飲めば塩分の量は変わらないのにと思ったが、その後祖母も同じことをしているのを目のあたりにし、これは慣習なのだと、謎が解けた思い出がある。

江戸時代後期の仙台の方言集『浜荻』にも「いしゃころばし　膳の湯に少し汁をさしたる也　養生になる事　医者もかなはぬといふ心也」とあり、宮城には昔から慣習としてあったようだ。「腹八分目、医者いらず」とは異なり、納得がいかない部分もあるが、何かしら体に良いのだろう。長野では「イシャコロシ」と表現する。薬効があるとされる植物を、全国各地で「イシャナカセ」「イシャイラズ」などと呼ぶのと同じ発想か。

医師の方にとっては少々刺激的な表現ばかり取り上げてしまったが、これらは決して医師不要論といったものではなく、できる限り健康で暮らそうと工夫してきた庶民の生き方が、方言に反映されたものなのである。

（武田　拓）

イショー（着物）

大陸由来の呼び方残る

共通語でイショーと言えば、俳優が演技のために用いる衣服や花嫁と花婿が結婚式で身につける装束のこと。また、民族特有の服装を意味する「民族イショー」という言い方もある。一方、方言でイショーと言えば、普通の着物のこと。東北に限らず、中部や九州でも使う。「イショ」と言う地域もある。

イショーという言葉は、古代中国から伝わった。そもそもイショー（衣裳）とは、上半身に着る「衣」と下半身にまとう「裳」が合わさった言葉。古代中国の影響を受けていた当時の日本人の身なりは大陸風だったから、大陸由来のイショウという言葉を使った。その後、遣唐使の廃止をきっかけに国風化が進む中で日本人の身なりは変化し、着物という日本独自の文化を作り出した。だが、身なりを表す言葉はイショーのまま。そのため、着物をイショーと呼ぶ時代がしばらく続いた。

方言のイショーは、その時代の名残。古代中国の影響と日本独自の文化が生んだ言葉である。

（櫛引　祐希子）

イズイ（違和感がある）
西日本起源の江戸言葉

イズイは目に異物が入った時や下着がまくれている時に感じる何ともしがたい違和感を表す。インズイ、エンズイ、エジーなど地域で発音が異なるが、形としては「エズイ」が一番古い。

実を言うとエズイは東北だけの方言ではない。福岡では「夜中に便所に行くのはエズカ」のように恐怖感を表す一方、「エズー大きか」のように「とても」の意味でも使う。八丈島では動きにくいことを表し「掃除するのはエズキャ」のように使う。さらに島根では「エズカ人」というと偉い人のことだが、高知では意地が悪い人のことである。

歴史的には恐怖感を表す意味が最も古く、十五世紀後半に西日本で使われていた。エズイは西日本から東北に伝わる間に意味と形を変えたのだ。東北方言のように違和感を表す意味で使われるのは江戸時代から。当時の江戸の言葉が記録された『書言字考節用集《しょげんじこうせつようしゅう》』（一七一七年）で最初に確認できる。東北方言のイズイは江戸の言葉の名残なのである。

（櫛引　祐希子）

イタ（いる）

今、存在することを表す

「イタカー（居たか）」と声をかけるのは、知り合いの家に入る際の決まり文句である。「こんにちは」でも「ごめんください」でもない、東北人好みの明快な表現である。

ところで、このイタカ、なぜ過去形なのだろうか。もし共通語で言うとすれば、ここはイルカとなるはずである。この違いは、イタのもつ意味の違いに由来する。東北のイタは、その場に存在することを表す。例えば、携帯電話の相手が「お前はどこにいるのか」と尋ねたとする。そのとき「家さイタよ」と答える。これは、今、まさに自分が家にいることを表している。さっきまでいた、という意味ではないのである。

しかし、そうなると、過去のイタとの区別に困るのではないか。ご安心あれ、さっきまでいたが現在はいないという場合には、イタッタという別の言い方が用意されている。タを二つ重ねることで、過ぎ去ったことがらを表す。イタとイタッタをうまく操ることは、共通語の話者にはちょっと難しいかもしれない。

（小林　隆）

イタマシイ（惜しい・もったいない）

大切な物への心の痛み

祖父母の家には二人が生きてきた年月を思わせる食器があった。孫である私よりも長いつきあいの家具があった。整然と片付いているが、どれも古い。幼かった私はたずねた。なぜ捨てないの。祖父母は答えてくれた。イタマシイ、と。

方言のイタマシイは「惜しい」とか「もったいない」という意味で、大切な物を失うことに対する心の痛みを表す。一方、共通語のイタマシイは悲惨な出来事に対する心の痛みを表す。毎年、どれだけイタマシイ事件があることか。

資料で確認する限り、共通語の意味の方が古い。たとえば『徒然草』では生き物をむやみに苦しめたり殺したりする事にイタマシイが使われている。兼好は言い切る。「一切の有情を見て、慈悲の心なからんは、人倫にあらず」

たとえ命がなくても物を捨てる時に感じる心の痛みは、それを大切にしてきた時間に比例する。暮れの大掃除。物を捨てようとする私の手を祖父母が教えてくれたイタマシイが何度も止める。

（櫛引　祐希子）

イダミガミ（裏打紙）

板に貼り重ねた厚手紙

宮城に移り住んでからよく聞くようになった言葉に、「イダミガミ（板目紙）」がある。表紙にも使えそうな厚手のボール紙のことだが、初めはどんな字が当たるのかも想像できなかった。

板目紙は、もともと和紙を十数枚も貼り重ねて厚く堅くしたものをいう。水切りした和紙を板に載せて天日干ししたために、木目が浮き彫りのごとくうつったことに由来する命名だという。紙が木から生まれたことをあらためて思い出させるような名称だ。

イタメガミは、江戸後期の雑俳や読本に例があり、江戸庶民にとっても身近な言葉だった。仙台では、江戸後期の方言集『仙台方言』（一八一七年頃）に「イタメ紙　ウラウチ」とあり、何かに貼り合わせて補強するための紙を意味した。

小学生のころ、わら半紙を「セイヨウシ（西洋紙）」と呼んでいたが、「ザラガミ」「ザラシ」と呼ぶ土地もあるらしい。こうした言い方もふだんはあまり意識されないが、れっきとした方言なのである。

（遠藤　仁）

イチマル(①)

◯をあとに読む山形流

㊙は「マルヒ」と読むが、①はどうか。「マルイチ」でなくイチマルと読む方は、おそらく山形のご出身であろう。

◯(マル)を先に読むか、あとに読むかなど、どちらでも別にかまわないことだが、山形では◯をあとに読むのが一般的である。かつて山形と宮城、秋田の県境付近で調査したところ、イチマルを使用する地点としない地点の境界は、県境とほぼ一致した。①を日常生活では使用する機会はあまりないことから、どうも学校教育を通じて広まったらしい。ちなみに、⑴もイチカッコである。長い間「気づかない方言」であったが、最近はテレビ番組で取り上げられたこともあり、イチマルではなくマルイチと読む人が増えているようである。

先年、名古屋で生物多様性条約第十回締約国会議(COP10)があった。意思疎通に支障がない範囲で方言にも多様性があってよさそうなものだが、はたして今後どうなるか。

(武田　拓)

イチリダマ（丸い大きな飴玉）

「値段」「一個一里」二説

「イチリダマ」の語源には二つ説がある。一つは値段に由来する説。一個の値段が一厘《いちりん》で、それが訛《なま》ったというのだ。「〜厘」は長さや重さの単位でもあるが、一厘という長さは約〇・〇三センチ、重さは約〇・〇三七五グラムだから、ここでは一円の千分の一の値段だと考えるのが自然である。もう一つの説は、一個を口に含んでいれば一里《いちり》歩けるからという説。

イチリダマは、岩手と山形、東北以外では山梨、静岡、愛知、鳥取、島根、香川、熊本でも使うが、宮城や山梨では黒砂糖製の飴《あめ》玉を言うらしい。いわゆる黒砂糖を丸く固めた「鉄砲玉」のことだ。

日本では、飴と言えば水飴をさす時代が長く続いた。丸く固めた飴が鉄砲玉という言葉で呼ばれるようになったのは江戸時代の中頃から。飴玉という言葉は戦後になってから広く使われるようになったと考えられる。イチリダマの語源に関する考察は、飴玉一個を舐めきる時間ではおさまりそうにない。

（櫛引　祐希子）

イッタリカッタリ（何時ということなく）

「いつであり」が転じる

女川にお住まいの読者から電子メールをいただいた。お礼の返事をしたところ、またお返事をいただいた。「イッタリカッタリのメールで、またまた失礼します」

イッタリカッタリは、「イツダリカツダリ」という方言が姿を変えたもの。青森、岩手、宮城で使われる。イツダリカツダリは、本書で紹介している「ナンダリカンダリ（なんでもかんでも）」と同じ仕組み。ナンダリカンダリの「ナン」を「イツ」、「カン」を「カツ」にすればイツダリカツダリになる。土井八枝の『仙台の方言』には「いつだりかつだり勘定とりさ来んすな」という用例がある。

イツダリは「いつであり」が転じた言葉だとされている。イツダリカツダリやイッタリカッタリは、時を定めないということから「何時《いつ》ということなく」とか「突然」という意味で用いられるようになった。

「実家の再建を夢見て頑張っています」という言葉で締めくくられたイッタリカッタリの電子メールには、地元への愛情があふれていた。

（櫛引　祐希子）

イッツニ（とっくに）

予想より早く進む様子

「庭の雪囲い、イッツニ終わったじぇ（庭の雪囲いは、とっくに終わったよ）」。気になっていた岩手の実家から返事があった。

イッツニは、東北地方北部、さらに山形から北陸地方の一帯、長野県などで使われる副詞で、「とっくに、すでに」の意味を表す。同じ意味で中部地方や九州などにはイッツカやイッツノムカシ（昔）なども分布している。

イッツは、もともと「いつ（何時）」を強めた言い方である。早い用例では、キリシタン宣教師のロドリゲスが著した日本語学書『日本大文典《にほんだいぶんてん》』（一六〇四～〇八年）にイッツゴロが見え、イッツニのもとの形は「いつに（何時に）」と考えられる。

イッツニの「いつ（何時）」は、どこか決まった時間を指しているわけではない。「いつしか終わっていた」と言う時の「いつ」のように、時間が経過して、ある物事が気づかないうちに、あるいは予想以上に早く実現した様子を表している。もう末尾の一文。イッツニ。

（志村　文隆）

イッパイ（二合五勺）

枡一杯、「コナカラ」とも

タダ酒には気を付けないといけないとはいえ、もし「そのうちイッパイおごっから」と誰かに言われたら、それは酒をある程度の量ごちそうしてくれる、と理解するのが一般的だろう。まさかジュースをコップ一杯分だけということではあるまい。

ただし、東北や九州ではイッパイというと二合五勺《しゃく》の量をさすことがある。二合五勺入る枡《ます》に一杯の意からきたもので、一合は百八十ミリリットル、一勺はその十分の一である。江戸時代の文献には、二合五勺をさす語として「コナカラ」が見られる。漢字だと「小半」「二合半」で、一升《しょう》の半分の半分、すなわち四半分であることからきた。一升は一合の十倍である。コナカラは今でも使っているところがあるようだ。

こういった単位を使うことはめっきり少なくなった。「春夏冬二升五合」と書いて「あきないますますはんじょう」と読ませる「判じ物」があるが、これもそのうち通じなくなりそうである。

（武田　拓）

イノコ（リンパ腺の腫れ物）

江戸期のイヌゴが変化

入院することになった親戚から聞いた病状説明の中で、「イノゴハッった」とは何のことか分からなかった。その親戚も、相手は分からないだろうと思ったらしく、共通語で言い直してくれた。その後、同級生の医師に聞いてみたら、やはり耳にしたことがないとのこと。イノコハルはそう遠くない将来消えてしまいそうな表現であるが、問診の際に患者に方言丸出しで話され、若い医師や他地域出身の医師が難儀することがあるという話を思い出した。江戸時代の辞書『書言字考節用集《しょげんじこうせつようしゅう》』には「痤　イヌゴ」とあり、腫れ物自体をかつてこう呼んでいたらしい。これが変化して方言として残ったということのようだ。ほかにも「イニゴ」「イノグ」などの語形があり、宮城、山形のほか、全国各地に散在している。

リンパ腺が腫れることは、イノコハルのほか、「イノコデル」「イノコツル」と表現する地域もある。もっとも、「グリグリができた」と俗な表現を使ってしまうことが多そうだ。

（武田　拓）

イハイモチ（長男）

祖先祭祀、家を継ぐ役目

昔、国語の教科書で読んだ方も多いだろう。山川方夫の『夏の葬列』という小説がある。この作品では、畑のあぜ道を行く喪服の人々の葬列が、主人公を過去の苦い記憶へと誘う役目を果たしていた。

現代は霊柩《きゅう》車の登場により、葬列を組んで歩く人々を見かけることはない。だが、昔は葬列が、葬式の中で重要なセレモニーであった。そして、故人の位牌《いはい》を持つのは長男だったため、イハイモチという言葉が長男を指すようになった。おそらく位牌を持つことは、祖先祭祀《さいし》の役目を担うことを明示するものだったのだろう。

長男を指す東北の方言は、他にカトク（家督）、ソーリョー（総領）、オヤカタ（親方）などがあり、これらはいずれも、「家を継ぐ」という長男の役割が名称となっている。しかし、昔ながらの家制度自体が崩れかけている昨今、必ずしも長男が昔のような役割を果たすわけではない。それゆえイハイモチという方言も、近い将来には忘れられてしまうのかもしれない。

（澤村　美幸）

イブクサイ（煙くさい）

燃え切らず嗅覚を刺激

ミレーの名画「晩鐘」には、秋の夕暮れ時の畑に鳴り渡る鐘の音に、ひととき作業の手を休め、祈りをささげる夫婦の姿が描かれている。この絵をじっと見ていると、風景の中に秋独特のイブクサイにおいが立ち込めているような気がしてくる。

イブクサイとは山形の方言で、煙くさいことを意味する言葉である。イブクサイのイブは、物が完全に燃えずに煙が出ることを指すイブルから来たもので、イブルとクサイを合わせてイブクサイという言葉ができたことは明白である。

まきを燃やすにおいや、魚を焼きすぎて焦げた時のにおいなど、煙くさいもの全般に使われる言葉だが、秋などは特に、田んぼで古くなったもみ殻などを燃やしたりするにおいが代表的なイブクサイにおいと言えそうである。

ちなみに、イブクサイはケムタイともよく似ているが、ケムタイは煙が目や鼻に入って痛いという「痛覚」を表すのに比べ、イブクサイは煙くささという「嗅覚」のみを指す点で異なっているようだ。

（澤村　美幸）

イボムシ（カマキリ）
かじらせ治療に使用か？

先日、草むらで小さなイボムシを見つけた。草と見分けがつかないほど鮮やかな体色は、寝ぼけた朝の目を覚まさせてくれるほどだった。

イボムシとは、カマキリの方言である。東北では岩手、秋田、山形、福島で用いられる。この言葉は江戸時代の仙台方言集『仙台言葉以呂波寄』にも取り上げられ、同じく江戸時代の全国方言集『物類称呼』にも「蟷螂　かまきり　奥州にていぼ虫」と掲載があることから、東北方言として相当歴史のある語であると思われる。

ところで、なぜカマキリのことをイボムシと呼ぶのかご存じだろうか。これは、体にイボができたとき「カマキリにイボをかじらせると治る」などという俗信により、もともとカマキリのことをイボムシリと呼んでいたところからきたものと言われている。

現代ではレーザー治療などが可能になったが、昔はイボ取り神社やイボ取り地蔵にお祈りなどしていたほどだから、カマキリを用いたという話もあながちうそではないのかもしれない。

（澤村　美幸）

イモ（山芋）

平安期の辞書にも登場

関西ではイモに「お」と「さん」をつける。すなわち、オイモサン。こう呼ばれるのはサツマ芋が多いが、年配の方や地域によっては里芋や山芋もオイモサンと呼ぶ。

こうした違いは何に起因するのか。思い当たるのは、本書でも紹介している「イモ」の意味の地域差だ。関西では大阪を中心にイモがサツマ芋を意味するが、周辺にはイモと言えば里芋や山芋を意味する地域がある。

東北ではイモと言えばジャガ芋という地域が多数だが、岩手と秋田にはイモと言えば山芋という地域がある。

海外から渡来したサツマ芋とジャガ芋。栽培用に改良を重ねた里芋。一方、山芋は自然に生育したイモとして自然薯《じねんじょ》とも言われる。平安時代の辞書『新撰字鏡《しんせんじきょう》』に「山伊母《やまいも》」とあるから、山芋は古来より親しまれてきたようだ。平安時代の古典を題材にした芥川龍之介の『芋粥《いもがゆ》』は、山芋の粥を飽きるほど食べたい男の話である。その願いが叶った時、男は…。意外な結末が人間の欲をあぶりだす。

（櫛引　祐希子）

イモニカイ（芋煮会）

鍋料理囲む 秋の風物詩

秋になると、コンビニエンスストアやスーパーマーケットの店頭に薪《まき》がならぶ地域がある。何に使うのだろう、まさか暖房用ではあるまいと、はじめて見る人にとっては異様な光景らしい。答えはイモニカイ用である。イモニカイとは、勤め先や友人などのグループで、主に河川敷でイモノコ（里芋）の入った鍋料理を作る行事のことである。

東北の秋の風物詩と言ってしまっては、少々大げさだろうか。山形市で毎年九月に行われる、直径数《メートル》の巨大な鍋を使うイベントはよく報道される。秋田では「ナベッコ」で、これを組みこんだ「ナベッコエンソク」もある。また、遠く愛媛県大洲市では「イモタキ（芋炊き）」で、お月見を兼ねた行事だそうである。

多くの地域では豚肉の入ったみそ仕立てであるが、山形内陸では牛肉の入ったしょうゆ仕立てである。なお、出来上がった料理自体は「イモニ」と呼ぶのが一般的だが、「イモノコジル」と呼ぶところもある。

（武田　拓）

イモノコ（里芋）

芋煮会では堂々と活躍

「イモと言うと真っ先に思い浮かぶ芋は？」。約五十年前に行われた国立国語研究所による方言の全国調査のなかに、イモの意味を尋ねた項目がある。結果は、北海道、東北、甲信越等で「じゃがいも」、関東、静岡、岐阜、富山、九州の一部で「里芋」、その他で「さつまいも」となり、そこで盛んに栽培されている芋の種類と一致した。しかし、じゃがいもやさつまいもが渡来するまでは、イモとは、古くからある山芋や里芋のことだった。

イモノコ（芋の子）は、親芋のまわりに子芋ができる里芋の特徴による命名である。江戸時代には東北各地の方言集に登場し、ほかに能登半島や佐賀などでも使われている。

品種が多く、その異なりや食用にする部分の相違、食材としての利用方法などから方言が豊富で、宮城県内だけでも、県北でイモノコ、県南は「ハタイモ」、その間で「カラトリイモ」などが聞かれる。「芋煮会」の季節になったら、里芋にはイモの名前を堂々と背負って活躍してほしい。

（志村　文隆）

イヤンベ（ちょうど良い、でたらめ）

高い度合い表す場合も

岩手の実家で屋根に積もった雪を丁寧に下ろしていたら、下から見ていた父が言った。「イヤンベでいいがら（ほどほどで良いから）」。一方で、「イヤンベなごど言うな（でたらめなことを言うな）」と怒られた記憶もある。

宮城や岩手で使われ、程度や具合がちょうど良いことを表すほか、でたらめや無責任の意味で用いられる。度合いが高いことを表現する場合もある。「じぇにっこぁイヤンベたまった（お金がたくさんたまった）」

「イイ（良い）アンバイ（塩梅・按排）」が変化した言葉で、共通語では「イイカゲン」に近い。類似の方言として、イックレが岩手、宮城、山形などに、庄内地方には、本書にも登場しているイクレテンゲがある。静岡などのヨイカン、長野のエッカラカンも「ちょうど良さ」と「でたらめ」の双方の意味を持つ。

土井八枝の『仙台の方言』＝一九三八（昭和十三）年＝には「お湯の加減いやんべでござりす」とある。雪下ろしの後に入る風呂の温かさを思い出した。

（志村　文隆）

イロイボ（ニキビ）

異性を意識する頃にできる

ニキビという語形が文献にあらわれるのは室町時代で、それ以前のものには「ニキミ」や「ニキン」がある。漢字表記だと「痤」「二禁」である。

宮城、福島ではイロイボと呼ぶ。おそらくこれは「色疣」で、思春期、色気付く頃にできることからの命名であろう。岩手には「オモイボロ」がある。「オモイ」は「想《おも》い」、「ボロ」は疱瘡《ほうそう》の跡のことで、これも異性を意識する頃にできることからであろう。

かつては青春のシンボルともいわれたイロイボだが、近頃は若い人の顔にできているのをあまり見かけなくなった。肌の手入れをきちんとするようになったからか。平安時代の京都を舞台にした、芥川龍之介の小説『羅生門』の主人公の右の頰には、大きなニキビがあった。国語の授業の折にこの主人公の人物像を問題にすると、以前に比べ、「若い人」よりも「不潔な人」「分からない」という回答が多くなった。イロイボのイメージも変わってきたようだ。

（武田　拓）

インピン（気難しいこと・つむじ曲がり）

楕円形の「イビッ」変化

人を評価する言葉にもさまざまあるが、これはあまり言われたくないもののひとつだ。宮城、山形で気難しいさまを言い、そういう人のことを岩手、宮城で「インピンモノ」、気難しいことばかり言う人を宮城、山形で「インピンカダリ」と言う。似た語に「ムッケル」と関係のある「ムンツン」がある。

語源は定かでないが、気難しい意の「イビッ」から「インビヅ」を経てできたものであろう。「イビッ（歪）」は「イイビッ（飯櫃）」の変化した語で、元来「飯を入れる木製の容器」を意味した。室町末期の京言葉を収めた『日葡辞書《にっぽじしょ》』（一六〇三〜〇四年）には、イビッ・イイビッともに、飯を入れる楕円《だえん》形の箱とある。そこから「形が整っていないさま」、さらに「動作・状態・性質などがゆがんでいるさま」の意が生じたらしい。

ワッパなどのまげ物は、その楕円の形状に美しさがあるように思うが、昔人の美学では、丸は正円でなければならなかったのだろう。

（遠藤　仁）

ウーウ（嫌悪の声）

不意に発する心の動き

近所のごみ集積場の前を通ると、辺りにごみが散乱している。こんな光景を見た時、山形の人なら思わず「ウーウ、やんだごど」と口走ってしまうのではないだろうか。

ウーウは、何か嫌な思いをした時によく口にする声である。しかし、誰かの家を訪ね、帰りにたくさんのおみやげをもらった時にも「ウーウ、こんなにもらってはー」などと言うことがある。この場合のウーウは、「こんなに渡されても困る」といった抗議の声ではなく、相手の思いやりに恐縮しているという気持ちを表している。つまり、ウーウは不快な思いをした時だけではなく、心がキュッと縮むような心理的な負担感を感じた時全般に用いられる声であると言える。

ちなみに、山形出身で関西在住の筆者が山形弁で話す機会はほとんどないが、ウーウだけはたまに口を突いて出ることがある。心の動きに直接結びついた、ほかに置きかえの利かない言葉だからだろうか。

（澤村　美幸）

ウカイ（多い）

数や量、比較時のみ使用

十一月も半ばを過ぎると、年末年始にかけて、人の集まる機会が増える家も多いのではないか。筆者も年末は実家で過ごすが、急に人が増えるせいか、料理をよそう器の数を実際の人数より多く用意してしまうことがある。人数を数え直し、「あら、ひとつウカイっけなー」などと言うこともしばしばである。

ウカイは山形の方言で、数や量が多いことを表す。ただし、「共通語で多いってことね」と早合点してはいけない。例えば、「仙台駅前はいつもより人がウカイ」とは言えるが、「仙台駅前はいつも人がウカイ」とは言いにくい。この違いがおわかりだろうか。実は、ウカイとは何かと比較した場合の多さであり、漠然とした多さは表せないのである。そのため、先の例に比較の対象を加え、「仙台駅前は山形駅前よりいつも人がウカイ」なら、ウカイを使うことができる。

共通語に訳すとすれば「多い」に置き換えるしかないが、意外と奥の深い言葉なのである。

（澤村　美幸）

ウザネハク（難儀する）

語源は「ウザイ」と同じ

「嫌だ」「うっとうしい」という気持ちをウザイと表現する。いわゆる若者言葉のひとつだが、俗っぽさも帯びることから、その使用にはまゆをひそめる向きもある。しかし、ウザイは、嫌悪感を表すのに絶妙とも言える語感のおかげで、あっという間に全国の若者たちに広まった。

ところで、このウザイ、実は東北各地で使われる「難儀する」「苦労する」の意のウザネハクと同じ語源である。つまり、「弱音《よわね》を吐く」という言い方があるように、「うざ音を吐く」のがウザネハクなのである。ウザイにしろ、ウザネハクにしろ、その大元は、嫌な様子を表すウザウザという擬態語かもしれない。

方言と若者言葉との間には、このように意外なつながりが隠されている。日ごろウザイを口にする若者諸君、あわせてウザネハクも使用語彙《ごい》に加えてみてはいかがだろうか。ウザイと違い、東北の伝統方言ウザネハクならば、それを使って目くじらを立てられることはまずあるまい。

（小林　隆）

ウズナガ（親類）

「ウチ」の定着 室町以降

「これねす、わだっしゃどこのうちなかの娘でござりすてば（これは私の親戚の娘でございますよ）」。見合い写真でも見せているのだろうか。土井晩翠の妻、八枝の『仙台の方言』＝一九三八（昭和十三）年＝にそんな文例があった。やまとことばだけに、漢語の「親類」「親戚」にはない柔らかさがある。

ウズナガは宮城・山形などで用いるが、古い方言集には見えない。それは「イエ」と「ウチ」の歴史的関係と深くかかわっていて、イエが『古事記』『万葉集』の時代から「家屋」「一家」の意で用いられたのに対して、ウチが同様の意味で広く用いられたのは室町以降、特に江戸語として盛んに用いられてからのことだ。

その新古関係は、方言のありようにもそのまま反映され、宮城、山形で用いる「エンナガドウシ（家の中同士）」は、ウズナガよりも古い。それはまた「オレンチに寄れ」と言うのは若い人、「オラエさ寄れ」は、ある程度の年代の人という世代差にも表れている。

（遠藤　仁）

ウタル（捨てる）

「ウッチャル」から変化

東京にも方言があると話すと、たいてい驚かれる。そして当然どんな方言があるのかという話題になる。そこで必ず紹介するのは捨てるという意味の「ウッチャル」だ。関東出身の作家の作品を通して、ウッチャルを知ったという方もいるだろう。

ウッチャルの語源は、平安時代の「ウチヤル」だ。当時は、わきに寄せるという意味だったが、江戸時代に語形と意味を変化させて物を廃棄したり放置したりする意味になった。その後、ウッチャルは中部から北陸にかけて「ブチャル」に変化したが、山形と秋田の日本海側の一部では「ウタル」に変化した。『山形県方言辞典』には「ごみをうだねでくれ」という用例がある。近世の山形の方言集『庄内浜荻』にも「すてるを　うたる」とある。

しかし、東北では捨てるという意味で方言のナゲルが使われていた。ナゲルが大勢を占める東北にウタルが入り込む隙はなかったようだ。江戸語由来というブランドも地元の雄にはかなわなかった。

（櫛引　祐希子）

ウチブロヲタテル（酒を飲む）

寒い夜 体内から温める

寒い夜は、こたつに入って熱燗《あつかん》で一杯やりたくなるのが人情か。オヤジくさいと言われそうだが。宮城、山形では酒を飲むことをウチブロヲタテルと表現する。体内から温めるところからの連想である。

ウチブロは「内風呂」で、自宅にある風呂のことだが、あるのが当たり前になった現在、そんな呼び方もしなくなった。タテルは「立てる」で、この地域では「（風呂を）沸かす」ことをこう言う。ウチブロヲタテルと温まり、かつご機嫌になる利点があるが、醒《さ》めるともっと寒く感じたり、飲み過ぎると大変なことになったりするので注意が必要である。

東日本大震災直後、ガスが復旧するまでの間は風呂に入ることができなかったが、そのかわりちょくちょくウチブロヲタテていた。後ろめたさを感じつつ酒を買いに行ったが、その気持ちが店員に伝わったのか、「飲まないとやってられないこともあるよね」と声を掛けられ、気が楽になったことを妙に覚えている。

（武田　拓）

ウマ（お年玉）

手伝いの駄賃が化ける

正月、子どもたちが楽しみにするお年玉も、大人にとっては懐具合に厳しいものがある。そもそもお年玉とは、年始のあいさつで渡す手拭いなどのちょっとした贈り物を指した。それが明治以降、子どもたちに渡すお金に変わってしまったらしい。岩手の九戸でお年玉をネンシと呼ぶのは、そのような経緯を反映したものであろう。

ところで、おもしろいのは青森や秋田、岩手で使われるウマ（馬）・ヤセウマ（痩せ馬）といった方言である。しかし、なぜお年玉が馬なのだろうか。これには駄賃が関わっている。もともと馬で荷物を運ぶ報酬が駄賃であったが、それが簡単な仕事に対するお礼の意となり、しかも相手が子どもの場合に限定されていった。お年玉をウマと呼ぶのは、本来、駄賃のつもりのお金がお年玉に化けてしまったことを物語るものである。

さて、もとの語源からすれば、子どもたちは何かお手伝いをしなければお年玉をもらえないことになる。これは大人にとってたいへん都合のよい話ではある。

（小林　隆）

ウラ（便所）

忌避の場所、位置で表現

人間は決められた場所で排せつする。急を要する場合はルールを逸脱することもあるようだが。

昭和初期の東北各地の方言集によると、排せつ場所（便所）はウラと呼ばれていた。土井晩翠の妻で仙台の方言集をまとめた土井八枝は「多くは家、屋敷の裏手にあるからだろう」と推測している。ちなみに便意を催すことは「ウラゴコロック」と言ったらしい。便所をウラと呼ぶことはキリスト教の宣教師たちが日本語をポルトガル語で説明した『日葡辞書《にっぽじしょ》』（一六〇三～〇四年）にも記録されている。

世界を見渡しても便所を表す言葉は直接排せつに結び付かない場合が多い。英語では「bath room（浴室）」や「rest room（休憩室）」。韓国語でも「化粧室」という意味の言葉を使う。日本語の「手洗い」も排せつ後の行動を表していた言葉が場所を表すようになった。

生活に不可欠でありながら表向きには忌避される排せつ行為の場所をどう呼ぶか。古今東西の人々にとって悩ましい問題だったに違いない。

（櫛引　祐希子）

ウラオモテ（組み分けのやり方）

同数まで手のひら上下

集団を二つの組に分けるときのやり方である。全国各地に分布する。「ウーラーオーモーテ」と節をつけてみんなで唱え、「テ」のときに、じゃんけんのパーのように、手のひらを上または下にして一斉に出す。「上」組と「下」組が同数になるまで続ける。そのほか、じゃんけんのグーとパーを使う「グーパー」などもある。いろいろな呼び名、掛け声があるようだ。

人数が多くなるとウラオモテではなかなか決まらないので、かわりに「トリケン」をすることもある。こちらは宮城を中心に分布するようである。二つの組のそれぞれ中核となる子どもがじゃんけんをし、勝った方が誰か一人を採り（選び）、次に負けた方が残った中から一人を採る。ふたたびじゃんけんをし、同様に一人ずつ採る。これを最後の一人になるまで続けるのである。ウラオモテは無作為の組み分けだが、トリケンは指名される順番によって、実力の査定や人間関係がみんなの前で明らかになるのであった。

（武田　拓）

ウラッパシ（先端、枝先）

同義語重ね意味を強調

「枝先を折らないように」ということだった。

「裏」や「浦」ではないウラがある。「ウラッパシ、折らねよに」。岩手で耳にした。「枝先を折らないように」ということだった。

ウラ（末）とは、「枝先」や「先端」を指す言葉である。ウレとも言う。古語では奈良時代から用例があり、現代でも、草木の先の方が枯れることを「ウラガレ（末枯れ）」と言う。「ウラナリ（末成り）」とは、つるの先になった実を指すのが原義である。東北でも、ウラッコなどが聞かれる。

ウラッパシは青森、岩手、秋田で使われ、ウラバシとも言う。同じような意味を表すウラ（末）と「ハシ（端）」とが結びついた。言葉を重ねることで、「先端」を指し示す意味が強調される場合もあるようだ。また、「先端」を表すウラの意味が忘れられ、「ハシ」を付けて意味を補強したとも考えられる。宮城でもよく使われるのが「サキッペ」。由来が「サキッパシ（先端）」だとすると、作りが近い。似たもの同士で仲良く手を結んだウラッパシ。膨らむ新芽の先にも方言が生きている。

（志村　文隆）

ウルカス（ふやかす）

水につけて洗いやすく

夏の暑さが続くと、ひんぱんに飲み物でのどを潤したくなる。いや、しないと危険である。

ところで東北には、この「ウルオス」から派生したウルカスという語がある。鍋が焦げ付いてしまったり、鍋や皿に料理の一部がこびりついたまま乾いてしまったりしたときに、洗いやすくするためにしばらく水につけて柔らかくすることをいう。一人暮らしの頃、料理ができたらすぐに鍋を洗うか、せめてウルカシておけばよいのだが、ついつい忘れて、きれいにするのに、ずいぶん時間を掛けるはめになってしまうことがよくあった。ほかに、煮炊きする前に米や豆を水に浸して柔らかくすることもいう。ちなみに、柔らかくなることは「ウルケル」という。こちらの方は長時間風呂につかって指先がしわしわになってしまうことにもいう。

ウルオスとウルカス、乾いたものに水分を与えるという点では共通なのだが、ちょっとした使い分けがある。

（武田　拓）

ウロカラ（うろうろ）

目的なき外出　善しあし

「ウラカラ」「ウロカラウロカラ」ともいう。詳しく調べていないが、宮城以外にも使う地域があるようである。

江戸のいろはかるたの最初の札としておなじみの「犬も歩けば棒にあたる」は、「棒」が思いがけない「災難」と「幸運」のどちらをたとえていると取るかで二つの解釈が成り立つ。どちらも現実味があるが、できれば後者に巡りあいたいものである。昨今は効率が重視されるが、思いがけない発見で見聞が広がることも多い。

ということで、半分言い訳めくが、気持ちと時間に余裕があれば、なるべく外出するようにしている。もっとも繁華街で「何をしているのですか」と尋ねられて、「ブラブラしています」ではなく「ウロカラしています」と返答したら、どこかに連れて行かれるかもしれない。特にはっきりした目的もなく歩き回るという点ではブラブラと同じだが、ともすれば何か悪いことをしそうな、マイナスのイメージを含むという点で異なるためである。

（武田　拓）

ウンカ（夜遊びする人たち）

光に群がる様たとえる

動物や植物の中には、光に反応して移動する走光性という性質を持っているものがある。とりわけ夏は、ウンカやガなど、夜の街灯や部屋の照明に集まる虫が多く見られる季節である。

共通語では、ウンカは大発生して稲の害虫となる小さな昆虫を指す。しかし、山形の方言ではこれを夜遊びする人の意味で使う。言うまでもなく、夜のネオンに群がる人たちを、街灯に吸い寄せられるように集まるウンカにたとえたのであろう。かなり辛辣《しんらつ》ではあるが、昔は仕事柄、太陽より早く起きる必要がある人が多く、夜まで遊んでいる人に対しての皮肉やねたみもあったものと思われる。

ちなみに、ウンカの語源は雲と霞《かすみ》であるが、中世には特に大勢の兵士が群がる様子を表した。平家物語でも、熊谷が敦盛を逃がそうとした際、源氏勢が「雲霞のごとく」押し寄せ、熊谷は泣く泣く敦盛を討つという場面がある。その後、虫や夜遊びする人に意味が変化しようとは、誰も想像し得なかっただろう。言葉の意味もまさに諸行無常である。（澤村　美幸）

エーフリコギ（外面が良い人）

好ましくない人物表す

秋田出身の両親を持つ母の耳に残る方言がある。「あの人は、エーフリコギだ」。外面が良い人、身なりが内と外で大きく変わる人のことを言うそうだ。地域によってはエフリコギとも言う。

だが、その意味は地域で微妙に異なる。たとえば青森や山形では「見えっぱり」「生意気」という意味で報告されている。菅沼貴一『青森県方言集』＝一九三五（昭和十）年＝では「はで好き」の意味でも紹介されている。

細かく見ると意味に違いはあるものの、総じてエーフリコギは好ましくない人物を表す言葉として使われる。「エーフリ」は「イーフリ（良い振り）」という発音が変化したもの。「コギ」は動詞「コク」の連用形「コキ」が濁音化したもので、好ましくないことをする人物という意味。良い振りをする人物の本性は、その振る舞いとは反対である。だから、良い振りをする人物は好ましくない人物となるわけだ。

エーフリコギは戒めとして心に留めておきたい言葉だ。

（櫛引　祐希子）

エガゲヤ（修理屋・修理人）

鍋・釜直す銅屋の呼称も

先日、鍋の取っ手のネジがすぐに緩むというので、ネジ穴の具合を見ているうちに、山形では道具を持って家々を回り、鍋・釜、鉄瓶など修理する人を「エガゲヤ」と呼んでいたことを思い出した。職人の技は実に大したもので、桶《おけ》・樽《たる》、イス、靴、傘に至るまで、手際よく直すさまを飽かず眺めたものだった。

もともと「鋳掛屋」は、江戸時代以降、鍋・釜など金物の壊れた部分をハンダや銅で修理する人の呼称だった。青森、秋田、岩手、山形（庄内）では、「ドヤ（銅屋）」「ドーヤ」、土地によっては「ドヤド（銅屋殿）」「ドヤドノ」とも言う。

『浪花《なに》聞書《わききがき》』（一八一九年頃）という方言集に「土瓶のいかけ　夫婦して歩行することを云」とある。江戸時代、大阪に夫婦連れの土瓶鋳掛屋がいて、それが芝居になって好評を博したことから流行語になったらしい。「破《わ》れ鍋に綴《と》じ蓋《ぶた》」とは言い得て妙だが、そういうことが不思議と腑《ふ》に落ちるようになった。

（遠藤　仁）

エゴ（エゴ寒天）

今や珍しい夏の風物詩

読者の皆さんにとって、夏の食味といえば、いったい何が思い起こされるだろう。

山形では素麺《そうめん》を食べる時、刻んだキュウリを添えた鯖《サバ》の水煮をおかずとしたり、鯖の水煮自体をそばつゆに入れ、そうめんを絡めながら食べたりする。夏の暑さに備え、栄養を補給する意味もあるのだろう。

先日、平こんにゃくに似て、やや色の黒い「エゴ」を久しぶりに発見した。エゴノリという海藻を煮て、液を固めたもので、酢みそや辛子じょうゆ・ショウガじょうゆで食すものだが、海藻の粒々が残る独特の食感、食味は夏の到来を思わせる。ふつう羊かんのように短冊状に薄切りにするが、ところてん状にする土地もある。山形でエゴ、新潟でイゴ・イゴネリ・エゴコンニャク、石川でイゴ・イゴヨウカン、長野でイゴ・エゴ、京都でウゴ、福岡でオキュウトと呼ばれる郷土料理だ。

以前はさして珍しいものでもなかったが、近年は海藻自体が採れないのか、すっかり高級品になった。

（遠藤　仁）

エズコ（乳児や飯びつを入れるかご）

「飯詰籠」が語源の説も

乳児や飯びつを入れておく、藁《わら》製、もしくは木製や竹製の籠《かご》がある。東北を中心とする東日本の、主に太平洋側ではエズコのほか「エジコ」「エンチコ」など、主に日本海側では「イズメ」「イズミ」などと呼ぶ。現在、実生活で見かけることはまずなくなってしまった。母親が乳児を近くに置きながら仕事をしなければならなかった、かつての厳しい時代の生活を想像させる。

「エイジカゴ」からきたものという語源説に基づき、エズコを「嬰児籠」と漢字を当てることがある。ほかに、もとは「イズメコ（飯詰籠）」で、それが転じてエズコになったという説もある。

宮城県大河原町の仙南芸術文化センターには、「地域文化を創造する揺りかごに」との願いを込め、「えずこホール」という愛称がついている。開館してから十数年になるが、地震の「揺れ」などに負けることなく、今後も文化がどんどん羽ばたいていく拠点であり続けることであろう。

（武田　拓）

エテマエ（上手）

他人の腕前の良さ評価

趣味はともかく、特技を尋ねられるのは苦手だ。好きなことはそれなりに上達もするが、人様に誇れるほどのものだろうかと悩んでしまう。山形方言のエテマエも、そんな葛藤と無関係ではない。

エテマエは、共通語なら「上手」に近い。しかし、一般的に「私は料理が上手だ」とは言いにくいように、「私は料理がエテマエだ」と言うことはできない。つまり、自分自身の技量を評価して「上手」とは言わないのと同様に、エテマエも基本的には他人を評価して使う言葉である。

この語の語源はよくわからないが、形と意味の関連から言って、得意とするわざを意味するエテ（得手）か、腕前を意味するテマエ（手前）のいずれかが関わっている可能性が高いものと思われる。「何でもエテマエだけど、自慢しない人だ」などと感心するように、自信があってもあくまで謙遜するのが伝統的な日本人である。評価は自分がするものではないという考えが言葉の上にも反映されているのだろう。

（澤村　美幸）

エパダダ（おかしな、妙な）

ふと抱く違和感を表現

何かが普段と違うことに気付いて、妙な感じがする。日常よくある場面である。「エパダダ（エパダナ）天気になてきた（変な天気になってきた）」

エパダダは、青森県津軽地方で使われる方言で、「変な」「おかしな」「妙な」「不思議な」「怪しげな」などの意味を表す。「今日ぁ、エパダネあつ（暑）じゃ（異様に暑いよ）」。エパダダの「エ」は、「イ」と「エ」の中間ぐらいに発音されることが多い。

意味を強める時は、接尾語「シケ」を付けたエパダシケダが用いられる。「エパダシケダ話だ（非常に妙な話だ）」「かじぇふぇで（風邪をひいて）、のどぁエパダシケネなてしまた（のどがひどく変になってしまった）」。語源説には、「いぶかしげだ」が変化したとする考え方などがあるが、はっきりしない。

「このおずげぁ、あめでらんでねべが（このみそ汁、腐りかけてるのではないだろうか）。エパダダかまりすじゃ（変なにおいがするよ）」。梅雨時などは、エパダダ気配にくれぐれもご注意を。

（志村　文隆）

エホエホ（喉の奥からせき込む様子）

岩手では肺結核の意も

土井晩翠の妻である八枝が、仙台に嫁いでから耳にした方言を『仙台の方言』にまとめたという話は、本書で何度か取り上げた。『仙台の方言』は当時の仙台の方言を知る貴重な資料である。

今回紹介する「エホエホ」について、八枝は「えほえほとせきする　咽喉の奥から咳入る」と記している。なお、『気仙方言誌』によると岩手では肺結核の意味でエホエホを使うとある。肺結核というわけではないが、晩翠と八枝は長女と長男を相次いで病気のために失った。長男英一は、ヨーロッパでおこなわれていた慈善切手、いわゆる寄付金付き切手の日本での導入を呼びかけた人物として知られる。ハンセン病や結核の患者を救済したい。その願いを残し、彼も短い生涯を閉じたのだった。

今、福島の八重が明治のハンサムウーマンとして注目されている。でも、宮城にも高知出身でありながら、懐に入れた手帳に仙台の方言を覚えるべく記録し続けたハンサムウーマンがいたことを忘れないでほしい。

（櫛引　祐希子）

エラスグネ（小憎らしい）

「愛らしくない」が変化

「愛らしくない」が変化したもので、江戸中期の堀田正敦『仙台言葉』に「あいらしくない　子供のいたつらもの、事」とある。嫌悪するというより、キカナイ子どもやかつお節を盗んだ愛猫に対する「小憎らしい」という感覚に近いのだろう。東北地方でわりと広く用いられる。

そもそも「アイラシイ」は鎌倉時代から例が見え、漢語「愛」に、いかにもそれらしい様子だという「ラシイ」を添えて、「かれんで情を寄せたいさま」を表わす。室町末期の京言葉を収めた『日葡辞書《にっぽじしょ》』（一六〇三～〇四年）に「かわいらしく、やさしくて、小さいこと」、また「心の愛らしい人（温厚で親しみやすく、情愛深い人）」とあり、見た目のみならず心情や人柄における優美さをも表した。

アイラシイは、江戸末期の仙台方言集『浜荻』にも記され、江戸語「かわゆらしひ」があてられている。しかし、次第にその意味を「メンゴイ」に譲り、打ち消し形しか用いられなくなった。

（遠藤　仁）

エリ（奥）

鎌倉期の文献は「イリ」

「山のエリ」は、「襟」の連想から「山際」を指すようにもみえるが、実際は「入り」に由来するため、「奥深い場所」を意味する。岩手、宮城、山形、福島ほか、栃木、埼玉、新潟、長野、愛知などで用いる。

「イリ」は鎌倉時代の随筆・紀行文などにも「引っ込んだ奥の場所」の意で用いられ、それが全国に広まったものだ。「入り海」「入り江」もそのような意味合いの言葉だ。

地方では、「エリのザスギ（奥座敷）」「戸棚のエリコ（戸棚の奥）」とも言い、真山青果の『仙台方言考』＝一九三六（昭和十一）年＝に「いり　仙台にて奥の間をいりの間と云ふ」とある。また、土井八枝『仙台の方言』＝一九三八（昭和十三）年＝には「えりこ、えりのほ　奥。隅」とあり、「邪魔になっから戸棚のえりこさ仕舞っておきした」「わだっしゃ、此間、八幡町のえりのほさこえしてがす（八幡町の隅に引っ越しました）」との例が見える。

和語だけに優しい響きをもつ言葉だ。

（遠藤　仁）

エルガズル（クジラ汁）

元はイルカ使用の説も

夕飯のおかずを話題にしていたら、ふと子どものころに食べた「エルガズル」のことを思い出した。土地によっては「ユルガズル」とも言う。

山形では、地物の新ジャガが出回る七月下旬以降、夏を乗り切る栄養源として食された伝統的郷土料理である。乱切りのジャガイモ、玉ねぎ、ナス、ニンジンにインゲンと短冊状の塩クジラを入れてみそ汁仕立てにするという、いたってシンプルなものだ。長ネギ、サヤエンドウ、山菜のミズを入れることもある。福島、新潟でも土地によっては似た汁物があると聞く。

もともとイルカを使ったが、においがきついため、塩クジラを使うようになったとの説もある。微妙な味と香りは子どもの口には合わず、あまり食べられなかった記憶がある。

今となっては、赤く着色されたクジラのベーコンも、塩クジラも、とても手の届かない高級品となった。かすかな郷愁とともに、子どものころの記憶もずいぶん遠のいたことに気付かされた。

（遠藤　仁）

エンソ（塩噌）

「味噌の事」のみに特化

「エンソ」を漢字で書くと「塩噌」。この漢字が表すように本来は塩と味噌《みそ》の総称だった。古くは十五世紀の文書に記されている。また、日本で布教活動をしたイエズス会の宣教師による『日葡《にっぽ》辞書』にも「Yenso（エンソ）塩とミソ」という記述がある。

だが、東北に伝わったエンソは、味噌のみを意味する言葉になった。江戸時代に書かれた方言集『仙台浜荻』（一八一二年頃）は、エンソを「味噌の事」と記している。仙台では味噌を入れておく部屋を「エンソ部屋」と言うそうだ。また、宮城県の登米地方や岩手県の南部では接頭辞の「オ」をつけて「オエンソ」と言うらしい。

沖縄県では「エンショ」という方言が味噌を意味する。島根県には味噌だけでなく醤油《しょうゆ》のこともエンソと呼ぶ地域があるようだ。どちらも東北と同様、本来表していた塩という意味を失い、もう片方の味噌という意味に特化した。なぜそうなったのか。きゅうりの味噌づけでも食べながら考えてみよう。

（櫛引　祐希子）

エンメ（今に）

近い未来に実現の意志

山形県の最上地方では、子どもどうしの口げんかの後、負けた方がくやしまぎれに「エンメ見てろよ！」と言ったりしたそうだ。既におわかりかと思うが、エンメは「今に見てろよ！」の、イマニの発音が変化した言葉である。

だが、エンメは捨てゼリフだけに用いられるわけではない。たとえば、夕食には少し早い時間に、お腹が空いたという子どもに対して、「エンメしてけっから（もうすぐ作ってあげるから）待ってろよ」と優しくさとす時にも使われる。すなわちエンメは、近い未来に実現させようとする意志を表すのである。

しかし、こんな使い方もあるので要注意である。お茶飲みなどに誘った時、「エンメなー」と言われたら、近いうちにお茶飲みが実現されるのか、そもそも本当に来る気があるのかもわからない。しかし、「エンメ行くさげー（すぐ行くから）」と言われたら、相手は間もなくやって来るそうだ。かなり方言に通じていないと、エンメの真意を理解することは難しい。

（澤村　美幸）

オーキニ（ありがとう）

関西由来 交易で伝わる

二〇一一年四月から大阪で仕事をしているが、普段の生活では「オーキニ」をあまり耳にしない。それにくらべ、数年前まで住んでいた宮古市ではオーキニが日常に溶け込んでいた。

オーキニは、「とても」という意味の「大きに」という副詞が感謝の言葉に変化したものだ。感謝を表すオオキニは関西の方言として知られているが、実は東北の沿岸や関東の一部でも使う。オーキニのように東北の沿岸で使われる方言の中には、江戸時代に北前船に乗って関西から運ばれたと考えられるものがいくつかある。

だが、その由来は関西だとしても、宮古の人たちはオーキニを故郷の言葉として大切にしてきた。市内には「おおきに」と書かれた看板があちらこちらにあった。

震災直後、宮古に行った。記憶の中にある沿岸の街並みは津波で姿を変えていた。愕然《がくぜん》とする私の横を大阪ナンバーの救援車両が走り抜けた。大阪をはじめ日本全国から駆けつけた人たちを宮古のオーキニが迎えたにちがいない。

（櫛引　祐希子）

オーバンヤキ（今川焼き）

宮城など「アジマン」も

ホームセンターやスーパーの駐車場に建つ小さなプレハブ小屋は、冬の風物詩だ。筆者は「オーバンヤキ（大判焼き）」と呼んでいたが、共通語は「今川焼き」だろうか。冬のおやつに欠かせないものだが、香り高い皮は、なぜかワンコをも魅了するのだそうだ。

製法はほぼ同じでも、東日本ではオーバンヤキが多く、特に関東周辺ではイマガワヤキと呼ばれるようだ。西日本のうち、近畿、中国、四国地方ではオーバンヤキのほか「カイテンヤキ（回転焼き）」「タイコヤキ（太鼓焼き）」、特に中国地方には「ニジュウヤキ（二重焼き）」という名称もある。九州地方では、もっぱらカイテンヤキと呼ぶようだ。ほかにも名称はたくさんあるが、それも各地で親しまれてきたことの証であろう。

宮城、山形、秋田では、「アジマン」と呼ばれることも多い。これはもともと商品名（個別称）であったものが、出世して一般称（そのような菓子一般を表す名称）に昇格した例である。

（遠藤　仁）

オガル（成長する）

少ない文献 俗な表現か

春先に低温の日が続いたと思ったら、今度は一転して猛暑、などといった天候不順が続くと、農作物のオガリ具合が心配になる。

オガルは古い文献にはほとんど出てこない。江戸時代の方言集や雑俳に出てくる程度である。俗な言い方だったのであろう。東北では、植物一般のほか、人間にも使う。また、派生して、「気が大きくなる、増長する」という意味でも使うが、精神面での成長については使わないようである。なお、西日本では大声を上げる、という意味で使うようである。

私事で恐縮だが、子どもの頃、ときどき祖父母に会いに行くと、「まだオガッたごだ（また成長したこと）」と言われたものである。二十歳をすぎてからもしばらく言われ続けたのには少々閉口したが、精神的に成長したという意味では使わないとすれば、身体が上方向ではなく横方向に成長したということだったのであろうか。

（武田　拓）

オカロ（長火鉢）

陸炉・置炉や火炉を当てる

畳の上に据えられた木製の長火鉢。鉄瓶からは湯気が立ち、家のあるじが煙管《きせる》を吸いながら座っている。こんな光景の記憶を読者の皆さんはお持ちだろうか。

最近では、各地の民俗資料館などでも見かけるようになった、長方形の火鉢である。横に引き出しの付いた物が多い。これを東北地方や茨城などでオカロと言う。山形では「オキロ（置炉）」という所もあるようだ。

オカロには、漢字で「陸炉」あるいは「置炉」を当てる例が見られる。一方で「お火炉」と書く場合もある。カロ（火炉）とは、火鉢や囲炉裏《いろり》のように、火を入れて暖をとる物を言う。平安時代中期より使われる言葉である。これに尊重や丁寧の意を表して接頭語「お」を付けたとも考えられる。

炭火を入れる部分の横には平らな面があって、湯飲み茶碗などの置き場所にも使えた。オカロで顔を合わせる人は、囲炉裏よりもずっと間近になる。東北の冬の日、手を温めながら、どんな話に花が咲いていたのだろう。

（志村　文隆）

オキレ（起きろ）

五段活用と同じ命令形

動詞「止まる」の命令形は「止まれ」である。語尾の「る」を「れ」にかえればよい。それなら、動詞「起きる」も、同じように「る」を「れ」にかえれば命令形「起きれ」になる……わけではない。命令形の語尾は「れ」でなく「ろ」にした「起きろ」である。

文法の授業のように説明をするならば、動詞命令形の語尾は、「止まる」のような五段活用の場合「れ」のようなエ段に、「起きる」のような上一段活用、「受ける」のような下一段活用の場合はオ段の「ろ」になる。

ただし、これは現代共通語の場合である。東北の日本海側や九州では、「起きる」の命令形もオキレである。動詞を活用の仕方で分類すると、五段活用に属するものが圧倒的に多い。少数派の上一段、下一段活用の動詞が命令形において五段活用にならい、活用の規則がその分だけすっきりしたと考えれば、オキレは「オキロ」よりも進化した形ということになる。ただし、実際に誰かに向かって「オキレ」という表現を使うことは少ない。（武田　拓）

オク（計算する）

算木、碁盤目に「置く」姿

計算に必要な道具といえば、今なら電卓だが、少し前まではそろばんだった。しかし、そろばんが中国から伝来して日本に広まったのは室町時代以降。それ以前は、算木《さんぎ》という長さ四《チ》センほどの角棒が使われていた。

青森、秋田、宮城、山形、新潟では計算することをオクと言うが、これは計算に算木が用いられた歴史と関係がある。算木は碁盤目に区切られた布や紙に並べられ、その組み合わせで一から九の数字を表す。算木を碁盤目に置くという行為が、計算という行為と結びついたことで、オクは計算するという意味でも使われるようになった。算木を用いれば、たし算・ひき算・かけ算・わり算はもちろん、平方根や立方根、高次方程式の計算も可能だったそうだ。

やがて算木は生活から消え、算木に由来する方言のオクも衰退した。だが、算木を置いて数学の難問に挑んだ人々の情熱は、コンピューターを駆使して数学の難問に挑む現代人の中に息づいている。

（櫛引　祐希子）

オクビョータカリ（臆病者）

恐怖に取りつかれた人

どうも人間は人の良いところをほめるより、マイナス面にばかり目を光らせて、いろいろな名前を付けるようだ。臆病者を表す方言も、例にもれず豊富である。本書に登場するミノコナシは秋田の一部でよく使われるが、本来、精神力や体力に欠ける者を指した言葉のようだ。

それでは、いわゆる臆病者は何と言うのか。青森から秋田、岩手にかけて使われるのはズクナシである。ズクは「尽」の字を当てたりするが、語源はどうもはっきりしない。岩手にはオクビョータカリもあるが、この語はむしろ宮城でよく聞かれる。タカルとは仙台で中風になることを表すように、目に見えない悪いものが人に取りつくことを意味する。この場合は、臆病が取りつくのである。欲が取りつけばヨクタカリで、これは欲張りな人を指す。

山形ではシビタレとかスピタレなどと言っているが、これは「しみったれ」が元であろう。福島はドキョーナシを使うが、語源は明瞭、「度胸なし」である。

（小林　隆）

オゲレンセ（帰宅した人を迎える挨拶）

心和む豊かな敬語形式

お盆休みに郷里で方言を耳にし、ほっと心が緩むのを感じる人もいるのではないだろうか。盛岡の方なら、オゲレンセと声をかけられたりしたかもしれない。

オゲレンセとは、「お帰りなさい」にあたる盛岡の方言である。盛岡では「オ～アンセ」という形で敬意を表し、オゲレンセの場合は、「オ帰リアンセ」の発音がオゲリアンセ、オゲリャンセを経て変化した。よく似た表現には、オヘレンセ（お入りなさい）、オデンセ（おいでなさい）などがある。「オ～アンセ」という形は、基本的に話し手の行為を指示する丁寧な言い方であるが、オゲレンセの場合は、共通語の「お帰りなさい」と同様にあいさつ表現にも用いられる。

盛岡はもともと城下町であることから、豊かな敬語形式が見られることで有名であるが、近年はそれも共通語化により衰退しているらしい。里帰りする者にとっては、心を和ませてくれる方言が消えていくのは、やはり寂しいことと言わざるをえない。

（澤村　美幸）

オココ（漬物）

香の物、室町の女房詞で

「オゴゴ、食べでけさいん（食べてください）」。方言を聞きに訪ねた宮城県北のある町で、手のひらに白菜の塩漬けをのせてもらい、お茶と一緒に頂くことがあった。爽やかさの中にも懐かしい味がする。

オココのもとは、「香《こう》の物」の「香」を重ねた「こうこう（香香）」。室町時代の初め頃から宮中の女官たちが使った女房詞《ことば》だった。女房詞は、言葉を省略して繰り返したり、「シャモジ（しゃくし）」「オデン（でんがく）」のように、「モジ（文字）」や「オ（御）」を付けるなどの特徴を持ち、食物や衣服に目立つ。

コーコー、コンコなども含めると分布地域は広く、岩手・宮城などのほか、関東・北陸から西日本に及ぶ。秋田ではガッコと言う。関東以西にはたくあん漬けだけを指す地域も多い。近頃は外食メニューに「オシンコ（お新香）」を見かけることもしばしば。しかし、家庭で出会う東北のオココには人に伝えたい思いと味がしみている。

（志村　文隆）

オコサマ（蚕）

元々の名称「コ」に由来

「オコサマ」と聞くと子どものことと思う。しかし、蚕をオコサマと言う地域がある。主に東日本であり、東北では宮城、山形を中心にそのように呼んでいる。これらの地域では、オコサマを子どもの意味で使うのは共通語的な言い方であり、日常生活では蚕の意味で使っていた。ただ、養蚕の衰退とともに、この言い方も聞かれなくなってきたのである。

ところで、子どもと蚕とでは似ても似つかないと思われるかもしれない。しかし、二つのオコサマは語の成り立ちの上で共通性がある。つまり、「御○様」の○に「コ（子）」が入るか「コ（蚕）」が入るかの違いに過ぎない。今ではカイコ、すなわち「飼いコ」と呼ばれる蚕は、古くは子どもの「コ」と同様、単に「コ」という名称であった。

また、「御子様」と「御蚕様」とは、どちらも子や蚕を敬った言い方である点も共通している。蚕は貴重な絹を吐き出す大切な存在である。子どものように蚕をいつくしみ育てる気持ちが、オコサマという名前を生み出したのである。

（小林　隆）

オゴフ（神社などからもらう食べ物）

尊い霊力 体に取り込む

紅葉のシーズンは、神社・仏閣を参拝するのにちょうどいい季節である。どの地域でもそうなのかはわからないが、神社やお寺にお参りに行くと、ちょっとしたお菓子などをもらうことがあり、山形ではこれをオゴフと呼ぶ。

オゴフとは、神仏の加護がこもっている札を指す「ゴフ（護符）」という古い言葉に、さらに「オ（御）」をつけて丁寧さを表したものである。護符は紙片にまじないや神仏の名前、像などが記してあるもので、それを身に着けたり、飲みこんだり、家の内外に張り付けたりするものであったらしい。今で言うお札やお守りである。

しかし、方言のオゴフの場合は、なぜか食べ物しか表さない点が特徴的である。加えて、長寿を全うして亡くなった人のお葬式でもらったお菓子などもオゴフと言ったりする。いずれの場合も、ありがたい霊力のようなものを体に取り込むところが共通しているが、人の場合も神や仏と等しく扱ってしまう自由な発想は方言ならではであろう。

（澤村　美幸）

オゴヤエ（ください）

文末に丁寧さを添える

山形新幹線の赤湯駅から南陽、川西、長井、白鷹の二市二町をまたいで山形鉄道「フラワー長井線」が走る。沿線に花の名所が多いことにちなむ愛称だが、とりわけ花咲き乱れる桜の巨木や古木は圧巻だ。

宮内駅に勤務するウサギ駅長「もっちぃ」と助役「カメ吉」はほほ笑ましいが、荒砥駅近くの最上川橋梁は明治期の旧東海道本線木曽川鉄橋が移設されたもので、土木遺産として貴重だという。のどかな景色のなかを「もっちぃ」や映画「スウィングガールズ」を塗装にあしらった気動車が走り、団体には車掌が方言で沿線のガイドもする。「まだフラワー長井線さ乗っトゴヤエ」、仙台弁ならさしずめ「乗ってけさいん」か。

「オゴヤエ」は買い物の際に「白菜オゴヤエ（下さい）」と言ったり、「まだ長井さござっトゴヤエ（お出でください）」と丁寧さを添えたりする言い方で、山形県南、置賜地方特有の表現だ。文末の言い回しには、その土地の人々の温かい気持ちが込められる。（遠藤　仁）

オサキシマス（先に帰る時の挨拶）

人を結び地域の絆強化

東北では職場や学校で相手より先に帰る時、「オサキシマス」と挨拶《あいさつ》する。東北以外の地域の出身者の中には、同僚や後輩に「オサキシマス」と言われて、何を先にするのかと不思議に思った経験のある方も少なくないだろう。

だが一方で、学校や職場で日常的に使うオサキシマスは丁寧なあいさつであり、方言ではないはずだと感じた読者もいるのではないだろうか。たしかに、帰り際のあいさつであるオサキシマスは方言らしからぬ雰囲気を持つ。しかし、「お先に失礼します」や「お先に」のように全国で使われるあいさつに比べると、その使用は東北に偏る。

オサキシマスのように地域で公的な言葉としての役割を担う方言は、地域共通語と言われる。地域共通語は地域社会と人を結び、地域の絆を強める。

3・11以降、給水所やスーパー、バスで出会った見知らぬ人と会話する機会が多くなった。たがいに励まし合う会話の最後に添えられたオサキシマスが、東北の新しい人の輪を結ぶ。

（櫛引　祐希子）

オシズカニ（客を送り出すときの挨拶）

別れ際に見せる心配り

「まだ、おでぁってくなんしぇ（また、いらしてください）。オシズガニ、おげぁりやんせ（お気をつけて、お帰りください）」。盛岡方言などでよく聞かれた挨拶《あいさつ》である。

東北北部などで使われてきたオシズカニ（お静かに）は、客を送り出すときの言葉。北陸や中部、近畿などにも点在する。「ごゆっくり」の意味で用いられる所もあるが、東北地方では、別れ際に「お気をつけて」の意味で言う地域が多い。

平安中期の随筆『枕草子』に、「いましづかに」が「また、後ほどゆっくり」の意味で使われている箇所がある。江戸時代後期になると、オシズカニが各地で挨拶の言葉として用いられるようになった。

「静か」という言葉には、「安らかで平穏なこと」の意味もある。オシズカニは「心を穏やかにして、落ち着いて」という、相手の道行きへの心配りから生まれた。そっと声を掛ける「オシズガニ」。震災後の厳しい作業に向かわれる方へのお守りになるかもしれない。

（志村　文隆）

オショーガッツァン（正月）

新たな年　喜びと厳粛さ

　一年の始まりとして、正月はやはり格別な月である。といっても、月末ともなれば普通は正月とは言わない。「正月気分」という言葉もあるように、やはり松の内あたりが正月と呼ぶにふさわしい。かつて仙台では、この正月のことをオショーガッツァンと言っていた。新年を迎えた喜びと厳粛な気持ちが、自然と「お正月様」という敬った言い方を生み出したのであろう。

　このオショーガッツァンは、七福神やそれを描いたお札の意味でも使われる。めでたさの象徴がオショーガッツァンなのである。その点では、門松や松飾りを「お正月様」と呼ぶ地域もある。

　正月の新年のあいさつは、どんなふうだったのだろうか。後藤彰三『胸ば張って仙台弁』（二〇〇一年）には、次のようなやりとりが載っている。「いいオショーガッツァンでござりす。今年もよろすぐお願いすす」「ほんに、静かでいいオショーガッツァンでござりす。こっつごそよろすぐ」。なんとも穏やかなやりとりである。

（小林　隆）

オショシー（恥ずかしい）

気の毒なこと思いやる

「オショスイガッタヤァ（恥ずかしかったなあ）」。いろいろな意味の道を旅してきた言葉である。もとは「珍しいすぐれたこと」という古語の「勝事《しょうじ》」。「異常な出来事」から転じて、室町前期には「困ったこと」「笑いも止まるほどのこと」の意味で当て字の「笑止《しょうし》」が使われ出した。

その後、「困ったこと」が「気の毒」と解される。江戸時代までには意味の分かれ道もあった。「気の毒」とは反対に、他人の「困っていること」を「笑うべきこと」とし、「ばかばかしい」の意味が生まれて現代の標準語にもなる。

ところが、「気の毒なこと」を自分では「恥ずかしいこと」と受けとめた。これが東北や中部などで使われる。地域によっては丁寧の「お」も付く。「気の毒」「恐縮」から派生した、宮城のオショーシサン、山形のオショーシナは、「ありがとう」。人と人とをつないできた、東北の人のおもんぱかりの道に、優しい表情が見える旅だった。

（志村　文隆）

オセチ（晴れ着）

大切な日「食」より「衣」？

デパートなどでは、早くも十月には翌年のおせち料理の予約注文が始まるようだ。言うまでもないが、おせちは「御節」と書き、正月や節句などの節目の日のことを指したものが、正月に作るごちそうを表すようになったものである。現代ではむしろ、後者の意味で用いられるのが一般的であろう。

しかし、岩手、宮城、山形では、オセチは特別な時に着る晴れ着のことを表す方言として用いられている。地域によってはオセツ、オセッなどと言うようだ。実は西日本でも同語源のオセチという方言が見られるが、興味深いことにそちらでは、供えるための食べ物や祝祭日の食事を表すところが非常に多いのである。

このようなオセチの意味の東西差は何を語るのだろうか。イマジネーションを膨らませて考えてみると、大切な日に「衣」にこだわるか「食」にこだわるかについて地域ごとに決まった傾向のようなものがあり、ひょっとしたらそれが言葉の上に反映されているのかもしれない。

（澤村　美幸）

オソ（不十分、中途半端）

古くは「愚か」の意味

オソ煮えは、生煮え。オソ乾きは、半乾き。オソ返事は、中途半端な返事。オソ食いは、食べる量が少ないこと。オソ出来は、果物の熟し方が足りないこと。オソ寝は、不十分な睡眠。このように言葉の頭に付く接頭辞の「オソ」は、その言葉が表す物事や状態が不十分で中途半端なことを表す。

八世紀には、オソを接頭辞ではなく、愚かという意味の独立した言葉として使っていた。〈常世辺《とこよへ》に住むべきものを剣刀己《つるぎたちな》が心からおそやこの君〉。これは『万葉集』の歌で、「常世の国に住んでいられたのに、自分のせいで、ばかだなあ、この人は」という内容である。「この人」とは浦島太郎のことだ。

古代のオソには、のろくて時間がかかるという意味もある。判断や行動に時間がかかるのは愚かで間抜けだからということだろうか。けれども、方言のオソはいろいろな言葉の頭に付き、その言葉に意味を添えることができる。オソは決して愚かではない。（櫛引　祐希子）

オダツ（ふざける）

「オダテル」からの派生

しかるよりもほめる割合を多くする方が高い教育効果を得られる、という考え方が広まってきた。悪い言い方をすれば、おだてるのも大事ということであろうが、少なくとも子どものやる気は引き出せそうである。

ところが、おだてすぎると子どもはついいい気になって、ふざけたり騒いだりする。そうなると東北では「オダヅな」としからざるを得なくなってしまう。加減がなかなか難しい。

オダツは東北で使い、「オダテル」から派生したらしい。

十年くらい前のことだったか。職務上やむなく「オダヅな」と学生をしかったのだが、相手はきょとんとしている。どうもオダツという言葉の意味が分からないらしい。仕方がないのでしかるのを一時中断して意味を説明したところ、今度はなぜしかられたのか分からない様子である。こうなると、もはや言葉の問題だけではない。そういえば愛すべき「オダチモッコ」たちもあまり見かけなくなった。

（武田　拓）

オチャモチ（団子の一種）

うちわの形　発音が変化

花巻や盛岡などの菓子店で「お茶餅」と書かれた張り紙を見かけることがある。お茶を材料に混ぜている餅かと言うとそうではない。岩手の県央部を中心に伝わる団子の一種である。串に刺した三個程度の団子を平らに押し広げ、相撲の行司が使う軍配うちわのような形にする。これにくるみ味噌をつけ、直火にあぶるなどして食べる。

名前の由来は、その形状の特徴から呼んだウチワモチとみる。南部藩の国学者であった黒川盛隆による江戸時代後期の随筆集『谷の下水』には、盛岡方言「ウチヤモチ」が見える。この頃には、呼び名がウチャモチへと変わっていたのだろう。その後、発音の似た「オチャ（お茶）」に引かれてオチャモチになったと見られる。

同じ東北北部でも、丸いうちわ形の串団子をウチワモチと言う地域はある。そば粉を使う場合もあり、オチャモチとは少し違う。

家庭でも作られてきた、昔からの味。独特の形も楽しめるオチャモチは、お茶うけにぴったりだ。

（志村　文隆）

オチル（降りる）

線路に沿い使用広がる

駅でこんなアナウンスを聞いたことはあるだろうか。「オチル人が済んでからお乗りください」。共通語の意味だと、乗客が落下したことになる。その上、東北の発音では「済《す》んで」が「しんで」に聞こえるから、物騒だ。だが、これは降りる人の優先を呼び掛けたアナウンスである。

降りるという意味のオチルが、京都や江戸で使われた形跡はない。しかし、南部藩の方言集『御国通辞《おくにつうじ》』には屋根や馬から降りるという意味のオチルが紹介されているから、近世の東北では使われていたようだ。

おもしろいのは、降りるの意味で使うオチルの使用地域である。降りる意味のオチルは、東北本線をはじめ比較的開通が早かった路線沿いに分布している。

二〇一〇年は、東北本線が開通して百二十周年。近代以降、方言が衰退した要因には教育やメディアの普及だけでなく交通網の発達もある。だが、オチルのように線路に乗って使用地域を広げた方言があることも事実である。

（櫛引　祐希子）

オッカナイ（恐ろしい）

東日本一帯に広く浸透

地震雷火事おやじ。恐ろしいものを順に並べたことわざだが、今なら豪雨が加わって、おやじは外れるかもしれない。

時代とともに恐ろしいものが変化したように、恐ろしいことを表す言葉も変化した。かつて恐ろしいことを表した言葉は、今は方言に姿を変えている。『万葉集』に登場する「いぶせし」は中国地方西部のイブセー。平安時代の『蜻蛉日記』にある「けうとし」は中国東部のキョウートイ。『源氏物語』で使われている「をぞし」は九州東部のオゾイ。

では、東北のみならず東日本一帯で使われるオッカナイのルーツは何か。平安時代の「おほけなし」を語源とする説があるが、定かなことはわからない。

江戸時代の方言集によると、当時オッカナイは関東と東海の方言として知られていた。大阪で活躍した井原西鶴も江戸を舞台にした作品で使っている。現在も東北をはじめ東日本の幅広い世代に浸透しているオッカナイ。東日本を代表する方言であることは、今も変わらない。


（櫛引　祐希子）

オッコム（取り込む）

素早さや勢いを感じる

近年、それまで晴れていたのに、急に大雨が降りだすことが多くなったような気がする。外出の前に「洗濯物オッコムの、わせねよにね（忘れないようにね）」と、留守番の家族に欠かさず一声掛けるようになった方もおありだろう。

オッコムは、「オイコム（追い込む）」か「オシコム（押し込む）」のいずれかが転じたもので、語自体は室町時代以降の文献に見られるが、「取り込む」という意味の用例はない。この意味で使うのは東北南部、関東北部に限られるようだ。共通語トリコムに比べると、動作の素早さや勢いが感じられる。

ちなみに、東北を含む全国各地で、「オシコミ」というと「押し入れ」をさすことがある。江戸時代後期の仙台の方言集『浜荻』には「をしこみ　物を入る戸棚　江戸にて押込といふは強盗のこと。」とある。洗濯物をオシコミにオッコム。一人暮らしの大学生が、急な来客があって部屋をあたふたと片付けているさまを何となく想像してしまった。（武田　拓）

オッサン（和尚）

暮らしに溶け込み変化

神主の東北方言と言えばホーインサマである。それではお寺の和尚はどうだろうか。和尚は東北でボーサマ、オショサマ、オテラサマなどと呼ばれる。特に、宮城を中心に、岩手、秋田、山形で使われるのがオッサンである。オッサンはオショウサマから来ていると思われるが、もとの形が分からないほどの変わりようである。人々の暮らしに溶け込み、言い慣らされたゆえの変化と考えられる。

ところで、オッサンと聞いて、若い人たちは中年男性のことを思い浮かべるに違いない。このオッサンはオジサンの変化で、もともと関西で生まれて広がった。ちょっと古いが、笠置シヅ子の「買物ブギ」（昭和二十五年）に「ちょっとおっさんこれなんぼ」「おっさん鮭の缶詰おまへんか」などと出てくる。

和尚のオッサンと、おじさんのオッサン、両者はアクセントで区別される。しかし、アクセントの区別をもたない宮城南部や山形内陸部の人たちは、この歌を耳にして、さぞかし仰天したに違いない。

（小林　隆）

オッピサン（曾祖父母）

宮城特有、男女区別せず

宮城では曾祖父と曾祖母（ひいおじいさんとひいおばあさん）を区別せず、オッピサンという。「オ（御）」は敬意を表す。オを付けない「ピーチャン」だと、親しみがこめられている感がある。「ヒ」は祖父母よりもさらに一世代上であることを表す。ちなみに「曾」は「重ねる」という意味である。

祖父母にあたる部分を省略し、結果として男女の区別までなくしてしまった。三世代も上となればあまり男女の区別がつかなくなる、あるいは区別に注目しなくなるということなのであろうか。宮城だけでこのような独特な切り分け方をしているのはおもしろい。ただし、特に区別したい場合は「オッピズンツァン」「オッピバンツァン」のようにいうこともある。

誰にでも八人いるはずのオッピサン。だが全員とこの世で会うのは残念ながら難しい。平均寿命が延びた一方で晩婚化・高齢出産も進み、差し引きすれば事情は今も昔もそう変わらない。

（武田　拓）

オデンセ(いらっしゃい)

決め手欠く語源の特定

方言は観光にも一役買っている。岩手の観光には「オデンセ」が欠かせない。盛岡駅にはオデンセという土産売り場がある。

オデンセは、本書で取り上げた「オゲレンセ（お帰りなさい）」と形が似ているが、語源がはっきりしない。よく言われるのは「行く」「来る」の尊敬語「オデァル」。原形は「お出《いで》ある」。南部藩の方言を集めた『御国通辞《おくにつうじ》』には江戸の「御いでなさい」を「御であれ」と言ったことが記されている。だが、丁寧な命令を意味する「～ンセ」が組み合わさるとオデアリンセとなるため、文法的に問題がある。もう一つの説は「オイデル」。「イデル」は「出る」ということ。この連用形は「イデ」だから「～ンセ」が組み合わさるとオイデンセとなる。それがオデンセになったと考えるわけだが、決定的な証拠がない。

大型連休などでは、オデンセをはじめさまざまな東北方言が観光客をもてなす。東北の復興を方言もまた支えている。

（櫛引　祐希子）

オドケデナイ（とんでもない）

冗談では済まされない

調子に乗って冗談ばかり話していると、誰かが笑いながら仙台弁でこう言うかもしれない。「オドゲかだ（語）んな（冗談言うな）」

オドケとは、東北地方のほか、近畿地方などでもよく使われる言葉で、戯れること、ふざけることを言う。室町時代の文献から登場する、「ふざける」意味のオドケル（戯ける）に由来する。オドケルは、道化《どうけ》を動詞化してできたように見えるが、実際はそうではなく、「お道化る」と書くのも後世の当て字である。

このオドケを用いた東北方言にオドケデナイがある。「雪の量、オドゲデネェ（とんでもない）」。オドケデナイとは、「オドケではない」ということ。「ふざけ」や「冗談」では済まされないという意味である。ここから「大変だ」「とんでもない」の意味にもなって、宮城や岩手などの東北各地で用いられている。

自分の話が相手に信じてもらえない時には、「この話、オドゲデネェよ」と、真顔できっぱりとオドケを否定しておこう。

（志村　文隆）

オトユビ（親指）

幼児語の「父親」と一致

このゆび　パパ、ふとっちょ　パパ。童謡「おはなしゆびさん」で、ちょっときつい形容をされているのは親指である。子どもにとって親指はお父さん指であり、今どきのお父さんと言えば、少しおなかが出たイメージになるのであろう。

親指は古くは「大指」と呼ばれた。一番大きな指という意味である。この呼び方は、今でも東北の各地と、遠く離れた九州・沖縄の一部に残っていて、その古さを物語る。現在の共通語「親指」という名称は江戸時代になってから登場し、日本語としては比較的新しい言葉であるが、あっという間に全国に広まったようだ。おそらく、小指が「子指」と捉え直され、それとの対応で大指から「親指」への変化が起きたのであろう。

ところで、東北の北部ではオトユビと言う地域がある。オトとは父親のことであるから、オトユビは幼児語のお父さん指に通じる。その発想の一致は興味深いが、まさか東北のお父さんに太っちょが多いというわけではあるまい。

（小林　隆）

オドロク（目が覚める）

夢うつろ、一気に現実へ

アフリカ大陸では初めてとなったサッカーのワールドカップ南アフリカ大会（二〇一〇年）。日本との時差は七時間だから、試合は日本時間の深夜か早朝。そのため試合が盛り上がらないと睡魔との攻防戦は激しさを増すが、驚いて目が覚めるような試合だと睡魔を封じ込めることができる。

ところで、驚いて目が覚めるという表現は、東北方言から見れば、頭痛が痛いのように言葉の意味が重複している。というのも東北方言のオドロクは目が覚めることを表すからだ。目が覚めることを表すオドロクの歴史は古く、『万葉集』のせつない恋の歌にも登場する。「夢の逢《あい》は苦しかりけりおどろきてかき探れども手にも触れねば」。夢で逢うことは苦しい、目が覚めて探しても手で触れることができないから。

サッカー選手なら誰もが夢に見るワールドカップ。それに触れることができるのは、方言の意味でも共通語の意味でも世界がオドロクようなプレーをしたチームだ。（櫛引　祐希子）

オニガラムス（カブトムシ）

厚く堅い外皮言い表す

宮城では「オニムス」と呼ぶ地域が多い。あのいかめしい姿から、「鬼」との関連も想起させるが、「オニガラムス」を略した呼び方である。宮城ほか秋田、山形で用いられる。「鬼殻（鬼皮）」は「クリなどの木の実やソバの実の外側の厚く堅い皮」を言い、内側の薄い皮に対する呼び方である。江戸の昔から殻付きのエビなどをそのまま焼く料理法を鬼殻焼きと呼んでいるので、甲殻類全般の殻も鬼殻と称したようだ。

薬になる天然の産物を解説した江戸時代の書、小野蘭山『本草綱目啓蒙《ほんぞうこうもくけいもう》』（一八〇三年）に、「カブトムシ」は京都の言い方、江戸で「サイカチムシ」、仙台では「オニムシ」とあり、仙台独特の呼び名として古くから知られていた。

ちなみに「サイカチムシ」は、この虫がサイカチの木によくいるところからの命名だという。そういえば、小学生のころ、クヌギの幹に砂糖水を塗っておいたが、何も来ずに落胆したことを思い出した。

（遠藤　仁）

オハヨークツシタ（靴下の穴）

のぞく指を比喩的に表現

「今日、オハヨークツシタなんだよ」。自分が履く靴下を友人に見せながら、高校生がこう言った。靴下には小さい穴が開き、足指がのぞいている。

宮城県のほか、岩手県の一関市や大船渡市付近で、おもに小学生から高校生の一部に使われる、「靴下に穴が開いている状態」を言う。全国的な言い方ではなく、この地域の若い世代に広がる方言とみられる。学校・学区によっては用いられない所もある。「クツシタ」を省いて「今日、オハヨーだ」と言ったり、略語化した「オハクツ」も使われる。「あ、オハクツじゃん」

挨拶《あいさつ》をまじえた表現の由来ははっきりしないが、穴からのぞく指の様子が比喩的に表されている。同じ意味で長崎県に「ジャガイモ」がある。

大学生に聞いてみると、高校卒業後は靴を履き替える場面もなくなり、使わなくなったとする回答が多い。十代の言葉をのぞき見ると、思わぬ隙間から方言が顔を出していることがある。

（志村　文隆）

オバンデス（夜の挨拶）

互いの距離 ぐっと近く

オバンデスは、日没から夜にかけて使われる挨拶《あいさつ》の言葉である。この言葉の知名度は高く、東北方言の代表格とも言えるが、実は茨城や栃木、新潟など、東日本の広範囲にわたって用いられている。地域によってはオバンデゴザリス、オバンデガスなど、さまざまな敬意形式をともなって使用される。

山形で育った筆者にとって、この言葉は年配の人の挨拶という印象が強いが、最近は若者も、飲み会の席などで「みなさん、オバンデス」と言ったりするらしい。もちろん、若者世代が日常的にこの言葉を使うわけではないが、そうした席では、あえて方言を用いることにより、場を和ませることができるからだろう。確かに「コンバンハ」と言われるよりは、「オバンデス」と言われた方が、互いの距離がぐっと近づく感じがする。

今日、共通語化によってさまざまな方言が姿を消しつつある。しかし、こうした新しいオバンデスの使い方は、今後も引き継がれていくのかもしれない。

（澤村　美幸）

オヒナル（お目覚めになる）

女房詞語源　上品な敬語

職業や身分に差があった時代の跡のように、城下町の方言には多彩な敬語が残っていた。盛岡弁で言う「オヒナリあんしたか（お目覚めになりましたか）」もその一つである。

オヒナルは、「起きる、目覚める」の意味の尊敬語として青森、岩手、秋田のほか、近畿地方や四国、九州の一部などで使われてきた。もとは、宮中に仕えた女官たちが使った女房詞《ことば》のオヒルナル（御昼成る）。室町中期から女房たちによって書き継がれた『御湯殿上日《おゆどのうえのにっ》記《き》』の一六〇一（慶長六）年に登場する。その後、オヒンナルを経て、オヒナルとなった。

武家の間や商家を中心に上品な言葉として広がり、東北北部でも方言として定着した。対になる言葉に「御夜」を動詞化した「オヨル（御寝る）」があり、「寝る」意味の尊敬語として岩手などでも使われた。

時が流れ、ほとんど姿を消したオヒナルだが、古い町家の格子の隙間から、その気配だけは感じられる。

（志村　文隆）

オフクデ（鏡餅）

福も腹も膨らむ縁起物

正月にオフクデが床の間に鎮座しているお宅はどのくらいあるだろうか。クリスマスやハロウィーンの装飾が年々派手になるのに反比例して、オフクデの方は質素になっているようである。もしかしたら、オフクデという語自体が、もはや年配の方のご記憶の中にしかないのかもしれない。「膨らむ」という意味の古語フクダムを用いた、フクダミモチの略であるという説がある。「福手」と漢字を当てることもある。東北を中心に使うようである。

岩手では結婚披露宴で餅をつくのが習わしであるように、餅はおめでたいことにつきものだが、昨今は正月だからといって特に餅をたくさん食べることはなくなった。かつては普段口にできないぜいたく品だったのだろうが、今は保存技術が発達したこともあり、手頃な価格で年中手に入るようになった。

一月二日は仙台商圏恒例の「初売」である。途中でおなかがすかないよう、しっかり餅を食べておくことにしたい。

（武田　拓）

オホ（フクロウ）

鳴き声、名前にとり込む

子どもの頃、秋深い夜に近所の森からよくフクロウの声が聞こえた。「ホーホー」と始まり、少しの間を置いて、何かをしゃべるように鳴く。

東北北部の太平洋側では、フクロウの鳴き声をオホ、オッホーなどと言い表し、これがフクロウ自体を表す方言としても使われる。鳴き声をそのまま名前にとり込んだ形だ。オホドリとも言う。また、この地域に隣り合う秋田県北や津軽地方では、類似するモホやモホドリが使われる。

一方でオホが用いられる地域を囲むように、「ノリツケ」や「ノロスケ」と呼ばれる所がある。後半部分の鳴き声を「のり（糊）付け、干せ」と意味づけして聴く地域は、山陰から東北までの日本海側を中心に広がる。フクロウが鳴くと翌日は晴れるという言い伝えから、着物に糊付けして干す準備を促したのである。

オホの居場所だった森は今もある。オホと聞こえるだろうか。明日の晴天を「ノリツケホーセ」と教えてくれることにも期待して、時々耳を澄ませている。

（志村　文隆）

オボエル（知る、分かる）

「記憶する」と使い分け

「英語、オベだら、教えっから」。オボエル（覚える）は、福島以外の東北地方でオベルのように発音され、おもに「記憶する」あるいは広く「知る」という意味で使われている。「知ったかぶり」はオベダフリと言う。

ところが、東北では、「分かる、承知する」という意味でもオベルが用いられることがある。「事情、お分かりでしょうか」。「うん、オベでら（分かっている）」

江戸中期の山形県庄内地方の方言を収めた『浜荻』（一七六七年）には、江戸語「知て居《を》る」に対して、方言「おぼへて居《を》る」が当てられ、「合点で居る（わかった）」の意味で用いることが記されている。この意味でのオボエルは古語には見当たらず、東北や八丈島に分布する。

岩手の秋祭り会場に、見覚えのある顔があった。声を掛けないでしまった。「俺のごど、オベでらが（覚えているか）」。「オベだ、オベだ（覚えているよ）」。旧友との再会の会話は、たぶんこんなふうに進んだかもしれない。

（志村　文隆）

オボケル（ふやける）

「ぼんやり状態」が変化

年末年始のごちそうにも飽き、晩ごはんはお茶漬けに決めた。しかし、ご飯にお湯を注いだ時に限って電話がかかってきたりする。運良く数分後に用件から解放されても、食卓にはオボケたお茶漬けが待つばかりである。

こんな経験がある方に説明は不要だろうが、オボケルとはご飯などが水分を吸ってふやけた状態を表す言葉である。山形の方言だが、宮城でも同様の意味で「ウブケル」があり、オボケルの発音が変化したものと思われる。

そもそも「オボ」とは、ぼんやりした状態を示す擬態語であり、昔は、はっきりしない様子を指して「オボオボ」と言ったらしい。現代共通語の「おぼろげ」や、方言のオボケルも、もとを同じくする言葉である。

ところで、オボケルものと言えばご飯くらいで、他のものについては聞いたことがないのだが、なぜなのだろうか。「うちではご飯以外にも言う」という方がいらっしゃったら、何がオボケルのかをぜひ教えていただきたいものである。

（澤村　美幸）

オボゴ（赤子）

「世間知らず」の意残る

土地によっては「ンボコ」の方が一般的かもしれない。「ン」から始まる言葉は少ないが、柔らかく鼻に響くやさしい心地よさがある。近年、この言葉もなかなか聞かれなくなった。オボゴは、「生まれたばかりの子」を意味する古語「ウブコ（産子）」に由来する。

室町時代の国語辞書『運歩色葉集《うんぽいろはしゅう》』に、「小児　ヲボコ」と見える。元来、京言葉であっただけに全国各地に伝わり、意味も「赤子・幼児」のみならず、「人形」「おかっぱの髪型」「蚕」「ボラの幼魚」など土地によってさまざまだ。江戸中期以降は、中央では「世間知らず」の意を残し、「赤子、子ども」の意味では用いられなくなった。

江戸時代末期、山形県米沢地方で編まれた方言川柳集『羽陽《うよう》の末摘花《すえつむはな》』に「蝒《かや》をつりそっとたがった寝たおぼ子」という句がある。方言のもつ温かな語感が伝わるとともに、遊び疲れたあどけない幼児の寝顔が目に浮かぶようだ。

（遠藤　仁）

オマエダ(おまえたち)

「ダ」の語源　いまだ不明

「おまえだ、どごさ行って来たんだ?」方言のダを知らない人はこの文を見た場合、かなり違和感を覚えるのではないだろうか。なぜなら共通語でダと言えば、断定を表す形式として用いられるものであり、後ろに文が続いていくことはないはずだからである。

最初のダは、秋田や山形で複数の人々を表す接尾辞であり、オマエダは共通語のオマエタチに相当する。しかし、タチと異なるのは、それが表す人々をひとまとまりとして表現する点にある。ダの方が一人一人の輪郭がぼやける感じ、と言えばいいだろうか。

この方言のダの由来については諸説あって、「タチ(達)」のチが脱落したという説と、ラ行とダ行は交替しやすいため、「ラ(等)」がダに変化したという説などがあり、どれが正しいのかはまだ明らかになっていない。実は、こうした短い言葉になればなるほど、語源をたどることは難しい。たった一文字の言葉にも、まだ解き明かされない歴史が潜んでいるのである。

(澤村　美幸)

オミョーニチ（別れの挨拶）

「またあした」を小粋に

「んでは、オミョーニチ」。かつて仙台では、こんな挨拶《あいさつ》が使われていたらしい。ミョーニチとは明日のこと。今で言うなら「それでは、またあした」であろう。石川鈴子『自伝的仙台弁』＝一九六六（昭和四十一）年＝によれば、オミョーニチの前に「んでは」と言うのが常だったそうだ。共通語のサヨウナラも、「それでは」を意味する「然様なら」が語源であるので、「んでは」もサヨウナラと同様の立派な挨拶言葉であったのかもしれない。

オミョーニチという挨拶自体は、もとは江戸で使われていたもので、江戸時代中期頃の作品にも、遊女が仲間の女性に「小春さん、明日《みょうにち》よ」と声をかけて部屋を出ていく場面が描かれている。おそらくはその後、江戸から東北へと伝わったものが方言として残ったのであろう。

東北の方言といえば、ともすれば粗野なイメージを持たれることも多いが、こんな小粋な挨拶が昔の仙台で交わされていたことに、あらためて方言の奥深さを感じる。（澤村　美幸）

オモシャイ(おもしろい)

同じ発音の変化 東西で

二〇一一年四月から、仕事の都合で和歌山に住んでいる。前年は大阪にいたので少し南に移動しただけだが、和歌山は住む人も方言も独特であり、同じ関西圏とは思えない時も多い。

たとえば、大阪では「あいつオモンナイ(面白くない)」と言われることほどの屈辱はない。しかし、次から次へとオモロイことを言い続けるのが当然といった大阪の人に比べると、和歌山の人はもっとおおらかである。オモシャイことを言おうがそうでなかろうが、別にどちらでも構わないという、のんびりした感じである。

オモロイ・オモシャイは、いずれもオモシロイの発音が変化した形で、それ自体は取り立てて面白い変化というわけではない。しかし、オモシャイは筆者の地元・山形の方言であり、これを和歌山でも同様にオモシャイと言う。一つの言葉が別の地域で同じ発音の変化を起こすことは珍しくないが、故郷から遠く離れた土地で、まったく同じ方言に出会うことは、やはりオモシャイと思わずにはいられない。

(澤村　美幸)

オモレッタイ（蒸し暑い）

蒸れるの古語から変化

梅雨時期の湿気というのは精神にも肉体にも多大な影響を与えるが、特に気温が上がった日のオモレッタイ感じは耐え難い。

オモレッタイは山形の方言で、温度も湿度も高くて不快な様子を表す形容詞である。この言葉は、蒸し暑く感じることを意味する動詞のウムレルから来ており、こちらは福島、山形で用いられる他、オモレルという形で岩手や宮城、山形にも見られる。また、中国地方や九州・沖縄でも同語源の方言が用いられている。

ところで、ウムレルとは実は、共通語「ムレル」の古い形であると思われる。歴史的にも、「イダク・ウダク」が「ダク」へと変化したように、初めの母音がとれた形の方が新しいという例は少なくない。さらに、「古語は東北と西南に残る」という方言周圏論に即して考えれば、ウムレルが地理的周辺部にしか見られないのは、ムレルよりも古い形であることを裏付けている。ふだん何げなく使っている方言にも、長い歴史が刻みこまれているのである。

（澤村　美幸）

オラエ（わが家）

一族を重視「イエ」好む

東北ではよくオラエという言葉を耳にする。「ちょこっとオラエさ寄って行がいん」はまあどうぞと相手を誘う常套《とう》句、「オラエのかーちゃんどこさ行ったべ」は近所で話し込んでいる奥さんを探す夫の言葉。この「オラエ」、語源が「おれの家」であることはご存じだろう。

ところで、イエといえば、共通語では書き言葉風のあらたまった言い方である。普通の会話ではウチを用いることが多い。これに対して、東北では日常的にイエを使い、特にあらたまり感はない。歴史的に見れば、イエは、近世に新しく登場したウチとの関係で品位が上昇したが、もともとは普通に使う言葉であった。そうした古い状態を東北は残しているわけである。

ただし、ウチに比べてイエには一家・一族といった意味合いが強い。東北人がウチではなくイエを使うのは、ただ単に古い日本語の名残であるというだけでなく、そうした人間関係の濃さを表す言葉として、イエが好まれているのかもしれない。

（小林　隆）

オリイッタ（気が利く）

心込め丁寧に振る舞う

「オリイル（折り入る）」は、「特別に心を込める」「改まった態度をとる」の意味で、江戸時代以降の文献に登場し、現在でも「オリイッテお願いがある」のように使うが、宮城、岩手では「オリイッタ」という表現も使う。「気が利く」「よく行き届く」という意味で、「オリイッタ人物」「オリイッタ仕方」のように、名詞につけて使う。丁寧さや改まりを表す点で、オリイルとオリイッタは共通している。

丁寧さや改まりを表現したい場合、言葉だけではなく、頭を下げたり正座をしたりと、身体を低く小さくする動作が伴うことが多い。その動作を「折る」と表現したところからオリイルがうまれ、さらにオリイッタになったのだろう。

目立ちたがり屋や、ひと頃「ＫＹ」と表現された空気の読めない人ばかりが目に付く昨今だが、一見地味な存在のオリイッタ人が尊ばれるような社会であってほしいというのは、やはりないものねだりだろうか。

（武田　拓）

オレ（女性の一人称）

「肉食化」で将来全国区？

かつて「オレオレ詐欺」が社会問題化したことがあった。オレとあるので、犯人像として男性を思い浮かべる人が多いと思われる。しかし、東北では女性がオレや「オラ」を使うことも珍しくない。男性がくだけた場面で相手が同等もしくは目下の場合に使う、というのは現代共通語の用法である。古くは男女とも使っていたが、現在は方言として東北を中心にその用法が残っているのである。「オノレ（己）」あるいは「アレ（吾）」の転、といった語源説がある。

英語の一人称は「I」だが、日本語には「拙者《せっしゃ》」「吾輩《わがはい》」なども含めれば多くの言い方がある。「ワイ」「ワテ」といった方言もある。もともと西日本の女性が使っていたらしい「ウチ」は、近年は全国的に若い女性が使うようになった。たくましい肉食系女子は、そのうちウチからオレに乗り換えるかもしれない。草食系男子がオレでなく「ボク」を使うようになるのと対をなすかたちで。

（武田　拓）

オレサマ（雷）

俺様でなくオライサマ

「オ」＋「ライ（雷）」＋「サマ（様）」の転じたもので、関東以北の太平洋側を中心に用いられる。「雷雨」は「オレサマアメ」という。

江戸時代の仙台方言集『仙台言葉以《い》呂《ろ》波《は》寄《よせ》』（一七二〇年）には「おかたち様　かみなりの事」とみえ、江戸時代はもっぱら「神立ち（神が現れる）」に由来する「カダチ」が用いられた。オレサマやオライサマの台頭は、幕末から明治時代以降のことである。

全国的には、神が鳴らすとの俗信からか、「ドドサマ」「ドロサン」「ドロドロサマ」「ドンドロサン」など雷鳴由来の名称が多い。現代共通語（幼児語）の「ゴロゴロサマ」は、江戸言葉を受け継いだものである。

かつて宮城県北地方のある高校生が「雷をオレサマというのは聞いたことがあるが、なんでオレサマなんだろう」としきりに首をひねりながら話してくれた。彼の語源意識は、「俺様」だったのだろう。夏にオレサマが大暴れすると、ニューバイがキマル（梅雨が明ける）。

（遠藤　仁）

オンエオンエ（大声で泣く様子）

独特の擬音語で臨場感

民話はオノマトペ（擬音語・擬態語）の宝庫である。例えば、山形県高畠町の「桃太郎」はこんな具合に語られる（『山形短期大学民話アーカイブ』より）。

「じじは山さしば刈りに行って、トカントカンてしば刈りしったけど。ばっちゃは河原さ洗濯に行って、コチャコチャ、コチャコチャて、一生けんめいでしったら、おばぁちゃんの方さ、赤い桃ぁズンボコ、ズンボコて流って来たもんだから」。共通語では耳にしない独特のオノマトペが、話の臨場感を盛り上げている。

ところで、この「桃太郎」、桃から生まれるときの産声は、オギャエオギャエである。これは赤ん坊の泣き声だが、もっと大人ではどうか。私の調査では東北は一般にオンエオンエ、ないしオエンオエンと表現するところが多い。共通語のワンワン、ワーワーよりはいかにもそれらしい雰囲気が出ているが、さて、この違いは表現の違いに過ぎないのか、それとも実際に東北人の泣き方がほかと違うのか、その点は大きな問題として残されている。

（小林　隆）

オンナル（おいでになる）

勧誘でよく使う尊敬語

仙台市内のアーケード街で、足を止めたくなる地点がある。「よぐござったごだ」「まだおんなしてくないん」と書かれた舗道である。前者の意味は「よくいらっしゃいました」。さて、後者はどうか。

オンナルは宮城県を中心として、岩手県の旧仙台藩領、福島県の浜通り北部でも使われてきた。「行く」「来る」「居る」の意味を表す尊敬語である。共通語では「おいでになる」や「いらっしゃる」に当たる。「御成る」や「おいでる」などの語源説がある。

「ここさオンナエ（ここへいらっしゃい）」のように、命令形で使われることが多く、「遊びさオンナエンか（おいでになりませんか）」のような勧誘の表現もよく用いられた。敬意のさらに高いオンナンスの形にして、玄関先で「オンナンスたが（おいでになりますか）」と使われたりもした。

「オンナ（ン）スてくないん」は、「クナイ」を付けた依頼の表現。「おいでになってください」の意味になる。ふと声を掛けられて振り返りたくなる敬語がある。

（志村　文隆）

カ行

カーラゲ～コグ

カーラゲ（すり鉢）

カワラケの類がルーツ

ズンダモチ作りには欠かせない。すり鉢である。宮城北部や岩手では、カーラゲと言われる。「カ」が高く発音されて、カァラゲのようになる場合が多い。宮城の一部、宮城と福島の県境付近、山形の置賜地方では、カーラバチやカラバチと言う所もある。

語源は、平安時代の古典にも見えるカワラケである。釉《うわぐすり》をかけずに焼いた陶器のことで、食器や杯、行灯《あんどん》の油皿などを指して使われてきた。近畿や四国、九州の一部では瓦を、島根には焼き物の破片を指して、それぞれカーラケと言う所もある。

関東では「スリバチ」の「スリ」を縁起が悪いと忌み嫌って、「アタリバチ」と言い換えた例がある。カワラケの類が、岩手や宮城などで、すり鉢を指すことになった経緯は必ずしもはっきりしないが、このような言い換えが原因と見る説もある。

三陸のイワシやサンマを使ったつみれ、とろろをのせた雑穀などでも活躍する。カーラゲの聞こえるにぎやかな台所が東北にはある。

（志村　文隆）

カウ（入店の挨拶）

「顔見知り」故に直接的

祖母や母が子どもの頃、近所の駄菓子屋や一銭店などに入る際には、店の前で「カ・ア・ウ～（買う）」と叫んだそうである。初めて聞いた時にはとても驚いた。「ごめんください」や「こんにちは」ではなく、「買う」である。言葉そのものが直接的な意味をもたない共通語の挨拶《あいさつ》と比べると対照的である。

しかし、カウは山形や青森、秋田で、一般的に用いられていた挨拶らしい。また宮城でも、入店の際には「クナイ（ください）」と言っていたそうで、このようなストレートな言い回しが挨拶として用いられていたのは、東北全体に共通する傾向だったようだ。

思うに、昔は歩いて行ける範囲にある個人商店を利用することが多く、また、お店の人はたいてい顔見知りであった。そのため、右のような直接的な言葉が挨拶になり得たのではないだろうか。全国チェーン型のコンビニ文化がすっかり浸透した現代では、店の前でカウと叫ぶ子どもはいなくなったに違いない。

（澤村　美幸）

カエス（嘔吐する）

平安期、深い悲しみ表現

食事中の方には失礼を承知で、今回は嘔吐《おうと》することを表す方言を取り上げたい。秋田を除く東北地方には嘔吐することを表すカエスという方言がある。東北以外では新潟県の佐渡島と徳島県で使う。これは平安時代の『栄花物語』に登場する由緒正しき言葉である。

『栄花物語』は、藤原道長とその一族の歴史を描いた作品。道長は娘を天皇に嫁がせ、天皇の外戚となり絶大な権力を手に入れた。しかし、嘔吐を表すカエスが登場するのは、道長の成功の裏側にあった悲劇が描かれた場面。親王を出産したばかりの娘の嬉子が、十九歳でこの世を去ったのである。娘の死を嘆く道長と妻の倫子。特に倫子の悲しみは深く、息子たちが差し出した湯を吐き出してしまうほど。その様子がカエスで表現されている。

平安貴族の言葉が、千年にわたる時間の中で方言に姿を変えながらも受け継がれてきたことには驚かされる。だが、意味が意味なだけに、あまり優雅な感じがしないのが残念だ。

（櫛引　祐希子）

カエッチャ（裏返し）

古語「カヘサマ」が語源

『遠野物語』が刊行されて二〇一〇年で百年になった。のちに加わった「遠野物語拾遺」の九十一話に不思議な話がある。

ある裕福な家に女の子が「紅《あか》い振り袖を着て紅い扇子を持って」現れ、踊りながら出て行って別の家に入ったらしい。その後、「この両家の貧富がケエッチャ（裏と表）」になり、その女の子が入った家の神棚の下には「座敷ワラシ」がうずくまっていたという。

小さい子どもの姿をした妖怪であるザシキワラシがいると、その家は栄えるが、出て行くと途端に衰えると言われる。このケエッチャ（カエッチャ）とは、「表裏、前後、上下などが逆であること」を表す方言で、原形の古語「カヘサマ（反様）」は平安前期から用いられた。東北地方のほか、中部、近畿、九州など、広い範囲に分布する。

「その服、ケァッチャヤだ」。表が裏になってしまうというのは、時として笑えるようでも、ひやりとする出来事である。誰かの仕業だろうか。

（志村　文隆）

ガェロッパ（オオバコ）

かぶせれば生きカエル

近所の公園の道にオオバコが増えだした。子どもたちに踏まれ、負けじと元気に葉を広げている。東北南部ではカエルの方言がついたガェロッパ・ビッキノハなどの「カエルバ（蛙葉）」がおなじみ。東北北部には「マルバ（丸葉）」類もある。全国的には東日本のカエルバと西日本の「オーバコ」が大きく対立する。「マルバ」は葉の形からの命名だが、「カエルの葉」とはどういうことなのだろう。

江戸後期の随筆『嬉遊笑覧《きゆうしょうらん》』に、死んだカエルを穴に入れ、この葉で覆って「かへるどのお死にやった、おんばく（オオバコ）殿のおとむらひ」とまじなうとカエルが生き返る、という話が出てくる。早くは平安中期の『蜻蛉《かげろう》日記』にも見える俗信で、子どもの遊びであった。カエルバの名前は、この伝承がもとになったとされる。

道すがら、ガェロッパを一枚摘んで眺めると、カエルの背にも見えてきた。手の上で静かに命名の物語が広がる。

（志村　文隆）

ガオル（弱る）

若者は「疲労感」で多用

「面当てにがをり花よめしほれてる」。これは江戸時代末期の米沢で詠まれた川柳。しゅうとやしゅうとめの面当てに参っている嫁。ガオルはその様子と花がしおれている様子を掛けている。

ガオルは「我を折る」に由来するが、形が「我折る」となり意味も変化した。井原西鶴の俳諧や『仮名手本忠臣蔵』ではあきれ驚くことや感服したことを表すガオルが使われている。だが、東北方言のガオルは弱るとか衰弱することを表す。土井晩翠の妻の八枝も著書『仙台の方言』＝一九三八（昭和十三）年＝の中で、体が弱っている状態と花がしおれた様子を表すガオルを紹介している。

しかし、現代の若者は「持久走でガオッた」「徹夜明けでガオッた」のように専ら自分の疲労感を表すために使う。疲労感を表すガオルは、普段方言を使わない若者の間でも比較的使用される頻度が高い。ガオルは疲労感を表すように意味を変化させたことで、現代の若者に好まれる方言になったのかもしれない。

（櫛引　祐希子）

ガキコ（女の子の卑称）

嫁入りの年頃まで対象

方言の会話を収録して歩いていると、お年寄りの若いころのお話を聞かせていただくことが多い。中には、ちょっとした恨み節が混じることもある。

仙台市郊外でうかがったお話の中に、「ガキコ」という言葉が出てきた。東北南部ではガキは子ども一般ではなく、特に女の子を指す。もちろん卑称である。そのガキに、ヤロッコ、ムスメッコの「コ」を付けたのがガキコである。子どもといっても、嫁入りの年頃まではこう呼ばれたらしく、話をしてくれたおばあさんは姑《しゅうとめ》から言われたという。「憎らしいって意味だべね」とはおばあさんの感想だが、そばで聞いていたおじいさんは「かわいいという意味もあったんでねがや」とやや反論気味である。ガキコの「コ」にそうした愛着のニュアンスがあるのかもしれない。

若い嫁にとっては忘れもしない体験だったであろうが、時代が変わり、今となっては思い出話になっているようだ。ご夫婦の会話は打ち解けて、実に軽妙なやりとりであった。

（小林　隆）

カギタ（棚田）

雁が群れをなし飛ぶ形

仙台平野や庄内平野の広々とした田園風景もすばらしいが、山あいにひっそりたたずむ棚田も郷愁を誘う景色だ。山形県朝日町椚平《くぬぎだいら》の棚田は、その規模もさることながら、放射状に広がる景観は見る者を圧倒する。山形県村山や福島県浜通りでは、これを「カギタ」と呼ぶ。

語源は「鉤《かぎ》」を連想しやすいが、「雁木田《がんぎた》」に由来するとされる。「雁木」は雁が群れをなして飛ぶ時の形をいい、ギザギザあるいは階段状のさまをいう。東北や信越など雪深い地方では、ひさしを伸ばした屋根付きの通路を思い起こす方も多いだろう。

共通語の「タナダ」は、室町時代初期の文書に現れる言葉で、語源も明快だ。「千枚田」とも呼ばれる。

宮城では、栗原市（旧栗駒町）西山と丸森町沢尻に「日本の棚田百選」に選ばれた立派な棚田があるそうだが、名もない棚田の畦《あぜ》にもほどなくヒガンバナが鮮やかな彩りを添え、思わぬところで日本の原風景に出合うことがあるだろう。

（遠藤　仁）

カキョー（家庭教師）
典型的なルールで略す

家庭教師の呼び名にも地域差がある。二十年前の調査によると、東北と九州では「カキョー」、関東と中部では「カテキョー」、関西、北陸、中部、中国では「カテイキョー」が使われている。

なぜ東北と九州という地理的に離れた地域で同じカキョーを使うのか。周辺地域に古い言葉が残るという周圏論的な考え方で説明できそうだが、そもそもカキョーがカテキョーやカテイキョーよりも古いのかどうか定かではないから、言葉の歴史とからめて分布を読み解くのは慎重になった方が良い。

カキョーは、家庭教師の「家《か》」と「教《きょう》」が組み合わさってできた言葉。このように日本語の略語には、二つの言葉の頭を組み合わせたものが多い。就職活動の就活。パーソナル・コンピューターのパソコン。子どもに人気のポケモンも、ポケット・モンスターの略語。東北と九州の人たちは、日本語の典型的な略語のルールを用いて家庭教師をカキョーと呼んだのかもしれない。

（櫛引　祐希子）

カケル(〈手袋を〉する)

昭和初期には仙台定着

雨傘をさすことをカブルと言う地域が東北にはある。それもおもしろいが手袋もユニークだ。みなさんは手袋を手に装着することを何と言うだろうか。共通語的にはハメルかスルであろう。北日本では青森や北海道のハクが有名だ。

こんな話をしていたところ、ある学生がカケルという表現を目にしたという情報を教えてくれた。場所は仙台市内の駐輪場だそうで、証拠写真を見せてもらったが、券売機のタッチパネルの上には確かに「手袋をかけていると感知しません」と表示されている。仙台では「手袋をカケル」が市民権を得ているようだ。

このようなカケルは新しい使い方かと思ったが、調べてみると、昭和初期の土井八枝『仙台の方言』にすでに載っていた。著者の説明によれば、カケルは手袋のほか指輪にも使うそうで、「なんつ、いー指輪かけてござった」という例文が挙げられている。こうなると、手袋の次は、指輪をすることを東北方言で何と言うのか気になってきた。

(小林　隆)

カコ（船乗り、漁師）

海との暮らし 代々伝承

『万葉集』に〈月よみの光を清み夕凪に加古《かこ》の声呼び浦廻《うらみ》漕ぐかも〉という歌がある。月の光が美しいので夕凪《なぎ》に船乗りが声を合わせて浦のあたりを漕ぐことだ。

この歌に登場する「カコ」は、岩手と宮城の沿岸だけでなく千葉、新潟、石川、福井、三重、和歌山、そして「カク」という語形で沖縄にも方言として残る。海と共に生活してきた船乗りや漁師が住む地域で万葉の時代のカコという言葉は受け継がれてきた。

カコのカについては、櫂《かい》に由来する説や応神天皇が鹿《か》の毛皮を着た船乗りを目撃したということに由来する説がある。カコのコには何らかの仕事に携わる人という意味がありそうだ。網漁の漁師を「網子（アミコ）」、猟師を「狩子（カリコ）」「勢子（セコ）」と呼ぶ時もコが使われる。

東北には漁の復活が街の復興と同義である地域がたくさんある。『万葉集』の美しい歌のように三陸の海にカコの声が満ちる日が遠くないことを願う。

（櫛引　祐希子）

ガコ（学校）
しりとり遊びにも影響

東北北部には、「学校」と言ったつもりでも「ガコ」に近く聞こえる地域がある。「つまる音」（ッ）、「のばす音」（ー）、「はねる音」（ン）をほかの音に比べて短く発音するため、前の音とくっついてしまう。したがって、共通語では「学校」は「ガ／ッ／コ／ー」と四拍として認識するところを、この地域では「ガ（ッ）／コ（ー）」と二拍として認識するのである。このような、短く発音する方言をシラビーム方言という。

しりとり遊びはルールが簡単で、しかも特別な道具も場所もいらない。手軽でかつ子どもの語彙《ごい》を増やす遊びとしては好都合なのだが、この地域では少々事情が異なる。「学校」には「う」でなく「こ」で始まる言葉が続くのである。さらに、これは東北各地であてはまることであるが、本書のほかの項でも取り上げた「ンダ（そうだ）」のほか、「ンメ（うまい）」など、東北には「ん」で始まるものが存在する。「ん」で終わる言葉を言っても、そこで終わりにはならないのである。

（武田　拓）

カシグ（炊く）

元は「蒸す」次第に変化

『万葉集』におさめられた山上憶良（六六〇〜七三三年頃）の貧窮問答歌は、貧しい者同士が互いの生活の苦しさを吐露した歌である。人並みに働いても、ぼろぼろの衣類を肩にかけ地べたに藁を敷いて横になる生活。かまどに火の気はなく、「甑《こしき》には蜘蛛《くも》の巣かきて　飯かしくことも忘れて」と続く。「甑」は米を蒸す道具で、「かしく」は米を蒸すこと。当時は米を蒸して食していたが、それがかなわないため、しばらく使っていない道具に蜘蛛の巣がはってしまったというわけだ。

「米を蒸す」という意味のカシクは、平安時代の末期に食生活の変化によって「米を炊く」という意味になった。江戸時代からカシグと発音されるようになる。

現在、炊くという意味のカシグは青森県と秋田県の日本海側の方言である。群馬県と東京都八丈島には米を蒸すという意味のカシグがある。石川県では米を洗ったり研いだりすることをカシグと言う。あちらこちらの方言に上代の面影が残る。

（櫛引　祐希子）

カシケル（しおれる・寒がる）

「腫れ物が消える」意も

節電あるいは猛暑対策で話題になった緑のカーテンも、気温が下がるとともにお役御免とばかりにカシケ始める。「かすけてひっこんでした（寒がって閉じこもっていました）」という用例が、一九三八（昭和十三）年刊の土井八枝『仙台の方言』にあるが、冬になるとそのようなあいさつが実際に交わされそうだ。

江戸時代後期の仙台の方言集『浜荻』にも「さむがる事、又草木などの枯れ凋《しぼ》むかたち」とあるように、カシケルは宮城などで「（植物が寒さなどで）しおれる」「寒がる」という意味で使う。さらには「発疹や腫れ物などが消えてなくなる」という意味で使うところもある。

もともとは古語「カシク（悴く）」あるいは「カジク（同）」で、平安時代の文献に用例がある。共通語の「カジカム」もこれがもとになったようだ。

二〇一一年は自然の厳しさをまざまざと感じた一年だったが、その年の暑さ、寒さもまた厳しかった。

（武田　拓）

ガス（〜です）

文末の丁寧な言い回し

今ではあまり耳にしなくなったが、学生時代、初めて仙台に来たときには、この土地の人たちはよくガス、ガス言うなあと感じた。このガス、丁寧に言う時に文末に付ける言葉で、「ほでガス」（そうです）、「行ったんでガス」（行ったんです）のように使う。ただ、「そうでゴザリス」「行ったんでゴザリス」のゴザリスに比べると、それほど敬意は高くない。

このガス、東北から関東にかけて広く行われている言い方だが、西日本にもちらほらと見られる。語源はガンスで、さらにゴザンス、ゴザリマスにさかのぼると言われる。ところで、「おいどんは西郷でごわす」などと言えば、鹿児島の方言が思い浮かぶ。このゴワス、仙台のガスと似てないだろうか。ゴワスをちょっと早口で言えばガスになりそうである。東北でも、青森や福島の一部でゴワスやゴアスを使うという報告がある。

そうなると、ガスはゴワスから変化した可能性も浮上し、西郷さんがぐっと身近に感じられるようになる。

（小林　隆）

カセグ（急ぐ）

「仕事に励む」が語源か

小学校の夏休みを利用して東北の祖父母の家に遊びに行ったある日、祖父が家の裏庭にある畑から私を呼んだ。「裏の畑さカセーで来い」。幼かった私は思った。どうして畑に稼ぎに行かなければいけないのか。気が進まず文句を言いながら畑に行くと、「カセーで来いと言ってるべ」と言う祖父の隣でトマト、きゅうり、ナスなど色とりどりの野菜が輝いていた。

方言辞典によれば、東北と関東の一部でカセグを「急ぐ」の意味で使う。共通語の「仕事に励む」という意味のカセグは室町時代の終わりから資料で確認できるが、方言の意味のカセグは古い資料では確認できない。だが、仕事に励むということは急いで仕事に取りかかることでもある。おそらく方言の意味のカセグは共通語の意味から生まれたのだろう。

祖父は都会で暮らす孫に自然の中で作った野菜を早く見せたくて「カセーで来い」と言ったにちがいない。夏には、祖父の作ってくれた野菜が無性に食べたくなる。（櫛引　祐希子）

カタカゴ（カタクリ）

「片葉鹿の子」が転じる

春の花といえば、カタクリもそのひとつである。派手な花ではないが、それゆえファンも多く、かれんな姿が写真に収められているのをよく目にする。

カタクリは、古くはカタカゴと呼ばれていた。大伴家持が「寺井の上の堅香子《かたかご》の花」と詠んだ歌が『万葉集』に載るが、このカタカゴは現在では山形の方言として残っている。ただ、その語形は、もとのカタカゴだけでなく、カタガコ、カタンコ、カタタゴのようにさまざまに変化している。とうとう「団子」に引かれてしまったのか、カタダンゴというような、その繊細な姿に似合わない呼び方まで見られる。

カタカゴの語源は明確ではないが、小さいうちは葉が一枚であるところから「片葉」、また、葉に斑点があるところから「鹿の子」、つまり「片葉鹿の子」がもとの形だという説がある。このカタカゴから真ん中の「カ」が落ちたのだろうか、カタコとかカタゴといった呼び方も、青森、岩手、秋田、山形の各地で行われている。

（小林　隆）

カタコト（義理堅いさま、頑固）

地域支える一途な気質

風呂敷で包んだ箱には、ヨモギ餅。岩手にいた頃、遣い物を届けに歩かされた。帰りの風呂敷の中にはトウモロコシが。「あの人ぁ、カダゴドだがら」。帰宅すると父が言った。

カタコトは、義理堅いことや律儀なことを指す東北方言で、青森旧南部地方、岩手、宮城県北、秋田で使われる。共通語の「カタコト」は「片言」と書き、「カタコトの外国語で話す」のように、「不完全に使われる言葉」の意味がある。一方、東北方言のカタコトは、「堅事」とみられる。

東北では、地域によって、融通が利かず律儀過ぎること、頑固なことを表す場合もある。「あの男ぁ、カダゴドでわがね（頑固でだめだ）」。頑固さは、一途さでもある。「毎日、カダゴド畑仕事だ（ひたすら畑仕事だ）」。岩手では頑固者をカタコトハクラクとも言う。馬の良否を見分ける職業を指す伯楽《はくらく》の裁定は絶対だった。

目立つことはないが、まじめで義理堅い。東北をがっちりと支えているカタコトな人がいる。

（志村　文隆）

カタユキ（凍った雪）

宮沢賢治の童話に登場

降り積もった雪が日差しをうけて解けやすくなった。ところが、朝晩に雪が硬く凍りついていることがある。夜間の冷え込みで固まったらしい。おもに東北北部や新潟で呼ばれるカタユキである。

宮沢賢治の童話「雪渡り」に「堅雪《かたゆき》かんこ、凍《し》み雪しんこ」と繰り返される句が登場する。「かたゆきかんこ」で始まるわらべうたは、青森や岩手などで歌われた。カタユキの野原は、歩いても靴が沈まないので、子どもたちには楽しい遊び場になる。踏み固められた雪を指す場合もある。「雪がすっかり凍って大理石よりも堅くなり」「平らなことはまるで一枚の板です」と「雪渡り」のなかで賢治は表現している。一方、「シミユキ」は、賢治の故郷花巻あたりでは、雪の表面だけが凍っているものを指すことも多い。カタユキよりは軟らかく、踏めばザクッと音を立てて足がはまる。

カタユキができやすいのは、二月過ぎの時期になる。硬く結ばれた雪の細粒。東北に近づく春の仕業である。

（志村　文隆）

カタル（話す）

「ありのまま」しゃべる

共通語のカタルは「物語をカタル」「体験をカタル」というように、何らかの物事に精通している人がその内容を述べる場合に使われる。だから、経験豊富な人にそうでない人が何かをカタルというのは、おこがましい感じがする。

だが、東北では共通語と違い、ありのままに話したりしゃべったりする場合にもカタルを使う。たとえば、東北では生徒が先生に話をすることを「先生さカタル」と言う。私も幼かった頃、東北の祖父母に会いに行くと「学校のこと、カタレ」と話を促されたことが多々あった。

カタルは『万葉集』にも登場する古い言葉だ。〈にほどりの息長《おきなが》川は絶えぬとも君にかたらむこと尽きめやも〉。息長川の水が絶えてしまったとしても、君に話したいことは尽きない。九十年前の九月一日、関東を襲った震災は多くの人にカタラレてきた。今回の震災も多くの人にカタラレルだろう。共通語と方言、カタルの意味は微妙に違えど伝えたい思いは変わらない。

（櫛引　祐希子）

カチャクチャネ（乱雑だ、いらいらする）

混乱や不安の状態表す

おばあさんは驚いた。「わいはぁ、なんぼカチャクチャネ部屋だべ（あれまあ、何と乱雑な部屋でしょう）」。部屋のあるじが言う。「今がら片付げるはんで（片付けるので）。勉強もさねばまいねどごで（勉強もしなければならないので）。なもかも、カチャクチャネ（全く、気がくしゃくしゃする）」

カチャクチャは、津軽地方で物事の乱雑さを表して使う。乱雑な意味から派生して、不確かさや心のいらだちをも表現する。これに強調を示す「ない」を付けたのがカチャクチャネ。混乱や不安などの状態の甚だしさを表して、共通語への言い換えが難しい方言の一つだ。カチャマシネとも言う。

似た意味の津軽方言がある。「カックツ」は感情表現としてのみ用いられ、心持ちがすっきりしないことを言う。「仕事重なって、カックツどす（いらいらする）」。「キサワリ」は気にかかる結果として、困惑する意味で用いられる。

さて、カチャクチャネ部屋の整理をするか。気持ちもすっきりするかも。（志村　文隆）

カツケル（かこつける）

古語の「被く」から派生

受験生の皆さんの勉強ははかどっているだろうか。受験生でなくても、例えば夏休みも半ばに差し掛かると、そろそろ宿題が気になり始める。にもかかわらず、立秋が過ぎてもまだまだ残暑は続く。こう暑いと気力がなえる、などと暑さにカツケたくなるのは私だけか。

カツケルは古語の「被《かづ》く」からきたものである。もともとは「頭にかぶらせる」という意味であったが、そこから派生して、原因や動機をほかの人や物事と関連づける意味になった。なお、共通語の「カコツケル」も古語「託《かこつ》く」からきたもので、「被く」と「託く」の関連が気になるところである。

子どもの頃、何か悪いことをしたときに他人のせいにすると、「まだ人さカツケンのが」と厳しくしかられたものである。もっともマスコミでは、疑惑を持たれても「妻がしたことなので、自分は知らなかった」「秘書がしたことなので、自分は知らなかった」とカツケル人がよく報道される。

（武田　拓）

カッツァク（ひっかく）

皮膚など掻き裂く行為

子どもが取っ組み合いのけんかをしたり、けがをしそうな遊びをしたりしているのを見かけることが少なくなった。小さいうちにある程度けんかの流儀や、危険を回避する術を身に付けさせたい、などと書くと批判されるかもしれないが、男の子なら「○○（友達の名前）にカッツァガれだ」と後腐れなく言えるようであってほしい。

東日本各地で、カッツァクあるいは「カッチャク」などと言う。「掻《か》き裂く」という語が、古くはキリシタンによる十六世紀末刊の『サントスの御作業』に見られる。これが変化したものである。

まだまだまね事に過ぎないのだが、ときどき農作業をすると、これは雑草との闘いであるということをしみじみと感じる。その雑草を根こそぎ削り取るのに便利な小型の鎌がある。親にならってずっと「カッツァ」と呼んでいたが、これは一般的には「ねじり鎌」と言うらしく、園芸用品店の若い従業員には通じなかった。これもカッツァクからきたのであろう。

（武田　拓）

カッツク（追いつく）

「とりつく」の意味転化

女子サッカーワールドカップでの「なでしこジャパン」の快挙は、久しぶりの明るいニュースであった。代表メンバーの中には東北にゆかりのある選手もいる。米国との決勝戦では二度にわたってリードされながらもカッツキ、最後はＰＫ戦で突き放した。練習や生活といった面での厳しい条件のもと、私のごとき素人には想像のつかないような努力が実を結んだのだろう。「がんばろう」「やればできる」といった掛け声はどこかひとごとのように聞こえることがままあるが、今回具現化させたことは素晴らしい。どうしても東日本大震災と結びつけてしまうが、震災前の状態を「カットス（追い越す）」のを理想としながらも、まずはカッツキたいものである。

カッツクは「とりつく」「しがみつく」という意味の「掻《か》き付く」が『古事記』に見られる。これが変化し、「追いつく」という意味で主に東北で使われるようになったのであろう。

（武田　拓）

カットバン（救急ばんそうこう）

商品流通が地域差生む

サランラップ、ホッチキス、ポストイットなどのように、メーカーの商品名が一般名称で使われることがある。

救急ばんそうこうの名称にもバンドエイドやカットバンのような商品名が用いられている。驚くのは、その使用に世代差と地域差があることだ。

バンドエイドは北海道と東北北部をのぞいて全国的に使用されているものの、若い世代では関東や関西以外の地域で使用が減少している。

一方、カットバンは北海道、東北、関東、中国・四国、九州北部に分布し、東北では全県で使用されているという調査結果がある。だが、東北では若い世代の使用がバンドエイドと同様に減少している。かわって使用を拡大させているのは、バンソーコーだ。

カットバンは佐賀県のメーカーが発売した商品。カットバンが東北の方言になった背景には、東北に向けて流通経路を拡大させた営業マンの活躍がある。今もどこかで営業マンの活躍が思いがけない言葉の地域差を生み出しているかもしれない。

（櫛引　祐希子）

カッパダ(青みどろ)

どろどろした「河童綿」

以前、河北新報の夕刊に「カッパダ川」の話が紹介されていた。仙台市の愛子地区周辺で、人々の暮らしを支えてきた川だそうで、そうした地域の歴史を伝えようと、住民と行政・企業が協力し、川にちなんだ広場を整備したという。

この記事を読んだとき、カッパダという名称の由来が気になった。すぐに思い浮かんだのは「川端」である。しかし、それだとカッパダ川は「川端川」となり、「川」が重複してしまう。あれこれ調べて行くうちに、『山形県方言辞典』に、青みどろを指すカッパワタという方言を見つけた。これが語源であるにちがいない。発音的には、カッパワタがカッパワダと濁り、さらにワが落ちてカッパダになったと考えられる。意味の方は、おそらく「河童綿」で、青みどろのどろどろした様子をそのように見立てたものと思われる。

そうなると、かつてのカッパダ川には名前に付けられるほど青みどろが繁殖していたことになるが、さて、実際はどうだったのであろうか。

(小林　隆)

カッパリ（川にはまる）

うっかりして「川入り」

花巻市の北上川べりにある、宮沢賢治が命名したイギリス海岸は、泥岩層で滑りやすく、時々ここを遊び場としていた筆者は足をとられて水に漬かり、ずぶぬれになることがあった。「今日もカッパリした（今日も誤って川に落ちた）」

川や水たまりなどに、うっかり足を入れ、ぬれることを東北地方ではカッパリ、ケァッパリなどと言う。靴の中に水が入る程度で使われる例のほか、地域によっては水におぼれることを指す場合もある。カッパトッタなどの言い方もあることで、語源を「河童《かっぱ》」とする向きもあるが、カワバイリ・カワッパリと言う地域があること、キャッパリ、カッパリトッタも見られることから、「川入り《かわはい》」から来たと考えられる。

三陸沿岸の一部などには、同様の意味でタゴツルと言うところがある。「蛸《たこ》釣る」が語源かどうかは諸説があってはっきりしないが、「河童」の話といい、方言は地域の豊かな発想の宝庫であることは確かである。

（志村　文隆）

カテ（米に混ぜて炊くもの）

「散歩がてら」などと同源

海外でも放映されたテレビドラマ「おしん」で、「大根めし」が話題になったのをご記憶の方もあろう。かつて米は貴重であり、節約して少しでも長く食い延ばすために、ほかの食材を混ぜて炊いていた。混ぜるものをカテ、出来上がった混ぜご飯をカテメシと呼んだ。冷害や戦争のときも米不足で大変だったと聞く。今では健康のため、あるいは季節のかおりを楽しむためにカテメシを作るが、年配者の中には、嫌な記憶がよみがえってしまうせいか、好まない方もあるようだ。

カテは関東以北で使われる。混ぜる・加えるという意味の古語「糅《か》つ」が名詞となったものである。「散歩がてら買い物に行く」の「ガテラ」も、目的を加えるということで同源である。

大阪には「かやくご飯」という料理がある。はじめてメニューで目にしたときは「火薬」かとびっくりしたが、これは体によい薬味という意味を持つ「加薬」で、こちらは食い延ばしということだけではない。

（武田　拓）

カデル(加える)

仲間へ誘う意味合いも

古語が方言として現代に残っていることは、本書で何度も紹介しているが、今回の「カデル」も古語「カツ」に由来する方言である。カツは「混ぜ合わせる」という意味で使われていた。『日本書紀』(七二〇年)には〈沈木といふことを知らずして薪にかてて竈に焼《た》く〉という記述がある。別項で、米に他の食材を混ぜて炊いた「カテメシ」を取り上げているが、このカテもルーツは同じ古語のカツである。

「加える」という意味のカデルは青森、秋田、山形で使うが、岩手も含めた広い地域で親しまれているのは「仲間に加える」という意味だろう。「カデテ」と言って友達の輪に加わった経験のある方もいるのではないか。

関東、中部、北陸、九州の一部の地域にも「カテル」「カツル」という方言がある。意味も東北のカデルとほとんど同じ。東北から遠く離れた場所で暮らす人たちがルーツを同じくする方言を使っている。かつて古語だった方言がとりもつ縁である。

(櫛引　祐希子)

カナ（木綿の縫い糸）
より合わせた「片一方」

カナには「縢」という難しい字があてられ、中国では縛ったりくくったりすること、そのための縄やひも、また脚半などを意味した。わが国では、室町時代の和歌に見える例が古く、縫い糸や織物の縦糸の意で用いられてきた。都でも用いられただけに、「縫い糸」の意で青森、宮城、新潟、富山、石川、京都、「木綿糸」の意では青森、岩手、秋田、山形、福島、新潟、富山、石川、岐阜などに広く分布する。

「カナイド」「カンナイド」とも言い、縫物をする母親の姿を思い起こした方もいらっしゃるだろう。人のぬくもりを感じさせることが多いのも、方言の良さと言える。

江戸中期の儒学者・政治家の新井白石が語源を考究した『東雅《とうが》』（一七一七年）に、カナは片糸のカタが転じたもの、また、江戸後期の漢学者太田全斎が当時の俗語・俗諺を集めた『俚言集覧《りげんしゅうらん》』（一七九七年頃）に、二本の細糸をより合わせて一本の糸にする際の片一方の糸を指すと同様の語源説が記されている。

（遠藤　仁）

ガナ（～分）

あいまい　おおよその量

近年はあまり見かけないが、昔は多くの店で量り売りをしていた。魚なら魚屋に、豆腐なら豆腐屋に行き、「百円ガナけでけらっしゃい（百円分ください）」などと声をかけると、おつかいの子どもにはおまけしてくれたそうである。

この「百円ガナ」のガナは、宮城の一部と山形、福島で使われる方言であり、程度や分量を表す。共通語なら「百円分」に相当するのだが、「分」と単純に置きかえられない側面も持っている。例えば、「大さじ一杯分」の「分」をガナとは言えない。「大さじ一杯」のように指示する分量が明確な場合には、ガナを用いることはできないのである。

もちろん、百円ガナと言った時に、その百円でどれくらいの量が買えるかは、経験を通して見当がつくだろう。しかし、ガナが指し示すのは明確な数ではなく、あくまでもアバウトな量である点がポイントである。魚も豆腐もあらかじめパックされたものしか知らない現代っ子には、ガナを使いこなすのは難しいかもしれない。

（澤村　美幸）

カナギッチョ（カナヘビ、トカゲ）

宮城県北のみ呼称統一

カナヘビを素手で捕まえた。どうしたことかとこちらを見ている。体はトカゲより細く、尾が長い。背面は、つやのない褐色で、トカゲには光沢がある。

西日本を中心に、両者を区別せずに「トカゲ」や「トカケ」と言う所が多い。しかし、岩手、宮城、山形、福島のほか、北関東などでは区別をして呼ばれる。岩手や福島では共通語の型「カナヘビ」―「トカゲ」が使われてきた。

宮城でよく聞かれるのがカナギッチョだ。県北では、両方を指して用いられる場合も多いが、県南では「カナギッチョ」―「トカゲ」が目立つ。「トカケ」は平安時代の京都でも使われた古い言葉。これが東日本の「カナヘビ」などの地域をはい回ったために、東北では両者に意味の区別が起こったか。使われる地域が狭いカナギッチョは、これらより新しく出てきた言葉のようだ。

生き物の分類にも、方言の名称にも、カナヘビ自身は我関せずだろう。草むらにそっと放した自分の手に、生温かい感触だけが残った。

（志村　文隆）

カナシー（かわいい）

身にしみていとおしむ

その方言は、Tシャツにプリントされて、沖縄の宮古島にあった。「かなすー　かなす」。方言を調べに島を訪ねた帰り道、土産物店の奥で巡り合った。添えられたラベルに「愛《いと》しくて愛しくて」とある。

奈良時代から使われていた古語のカナシは、心が揺さぶられるさまを表現した。現代語のカナシイが表す悲哀のほかに、切なく身にしみて大切にいとおしむ「かわいい」の意味もあった。『万葉集』の大伴家持の歌に「父母を　見れば尊く　妻子《めこ》見れば　かなしくめぐし（かわいくいとしい）」とある。

やがて都ではカナシにあった「かわいい」の意味は消える。しかし、東西に押しやられるように、青森、岩手、秋田、山形のほか、奄美・沖縄地方では方言として生きてきた。青森では、カナシーが自分の子どもに対して、「メンコイ」は不特定の相手に使ったとの報告もある。いま、東北ではどこで出合えるだろうか。「わらし、カナシクてカナシクて」。いとしさの深い方言である。

（志村　文隆）

カナシー（寒い）

「切なさ」もたらす原因

「カナシー」にはさまざまな意味があり、本書でも「かわいい」意で用いることが紹介されている。江戸中期の『仙台言葉以呂波寄《せんだいことばいろはよせ》』（一七二〇年）には「かなしい　わつらふ事」とあり、いにしえの仙台弁では「病んでいること」を意味した。

一方、山形県米沢地方では「寒い」意で用いられ、「寒がり屋」を「カナシガリ」という。遠く離れた愛媛でも、同じ意味で用いるそうだ。なぜ土地によってこんなに意味が異なるのだろう。

『岩波古語辞典』を開くと、古語「カナシ」の原義は「自分の力ではとても及ばないと感じる切なさをいう語。動詞カネと同根であろう」と説明されている。「カネ」とは「見るに見カネて」の「カネ」と同じものだ。だから、「寒い」意のカナシーは、「つらく切ない気持ち」は「寒い」という状況がもたらすのだという意味で、気持ちそのものの描写から、それをもたらす原因・理由に意味の中心が移ったのである。

（遠藤　仁）

カバネ(体)

生きている人間を表す

人間の体を、東北ではゴタイ（五体）、ミガラ（身柄）、ナリ（成り）などと言う。だが、なんといっても気になるのはカバネである。なぜなら、このカバネ、国語辞典には「死体」と出てくるからである。たしかに、奈良時代から文献上ではカバネは死体の意味であった。そうすると、東北のカバネが生きた体を表すのは新しい変化なのか。事実はたぶん逆で、文献からは分からないものの、カバネはもともと体一般を表したと思われる。

そもそも、死体を意味する言葉が生きた体を表すようになるだろうか。シカバネという言葉があるが、これは生きているカバネもあるからこそ、死んだカバネということでシカバネなのではないか。さらに、姓氏を意味する古代語のカバネは人間の体のカバネと同語源と見るべきで、これが死体だったら姓氏を表せなかったにちがいない。

怠け者を東北ではカバネヤミと言う。この言葉、カバネが死体であるなら意味をなさない。病むのはやはり生身の体なのである。

（小林　隆）

カブケ（かび）

食料品むしばむ厄介物

珍しい食品が手に入ったので大事に少しずつ食べていたら、いつの間にか「あ、カブケたがった（カビがはえた）！」となり、がっかりしたことがある。特に梅雨時は要注意である。冷蔵庫や防カビ剤も過信は禁物である。地球上で同じ生態系に属していると理解はしていても、共存はなかなか難しく、カブケは人間にとってあまりありがたくない存在である。ともあれ、こうなってしまったら気持ちを切り替え、カブケと食料を分かち合ったととらえるしかあるまい。ブルーチーズやペニシリンなど、食品や薬品をつくる上でお世話になることもあるので。

東北ではカビのことをカブケのほか、「カプケ」「カブレ」などと言う。「かびる」という動詞の場合は、「カブケル」「カプケル」「カブレル」である。

東日本大震災の被災地では、がれきからの強烈な臭気に加え、カブケにも悩まされたそうだ。暑い時期は、さぞかし大変だっただろう。

（武田　拓）

カマス（かきまわす）

周囲を混乱させる意も

循環式（対流式）の風呂釜が普通だった子どもの頃、親に「よっくカマシてがらはいらいよ（よくかきまわしてから入りなさいよ）」と言われたものだった。風呂の湯は下の方にくらべると上の方が熱い。子どもの理科離れが言われているが、当時は、なぜ上の方が熱いのかといった素朴な疑問から知的好奇心が湧いていたような気がする。

カマスのほか、「カンマス」「カンマース」「カンモス」といった語形が関東以北の各地に分布する。「カキマワス」は古く中世の文献にもあり、ここから派生したのであろう。

ところでこのカマス、故意、あるいは無意識のうちに不適切な言動をして周囲を混乱させる意味でも使う。「あいづいっとカマサれっから、いれねべ（あの人がいると振り回されるから、入れないようにしよう）」。特に、困難な状況を乗り越えるために全員が一丸となって事に臨まなければいけない場合、こんなことをされると大変迷惑である。

（武田　拓）

カマドカエシ（破産）

「怠け者」指す悪口にも

「酒ばり（ばかり）飲んで、カマドケァシたずじぇ（破産したそうだぞ）」。何やら穏やかでない話である。

「かまど（竈）」とは物の煮炊きをするところ。生活のよりどころとして大切な場所であったために、古くは平安時代から「家財」の意味に転じたり、さらに「一家」や「世帯」の意味でも用いられたりした。特に東北地方や九州地方の一部でよく使われる。「カマド分ける」は「分家する」。岩手などでは分家の人が本家に対して「あの家、おらほ（わが家）のカマド（一家）だ」のようにも言う。

ところが、たとえば財産を維持している一家の主人が遊び人で、家が落ちぶれ財産を失ってしまった時、これを東北北部でカマドカエシと言う。カエシとは「覆《かえ》し」で「ひっくり返す」こと。カマカエシと言う地域もある。時に「怠け者」を指す悪口に使われたりもする。

カマドは、ちゃぶ台よりもはるかに重たい。持ち上げてひっくり返さないように。

（志村　文隆）

カム（嗅ぐ）

ガ行鼻音化地域に分布

秋が深まると、だいぶ冷え込むようになる。周囲に鼻をかむ人たちが増えるのもこの季節だ。ところで、このカム、東北の広い地域で、においを嗅ぐという意味で使われる。つまり、ただカムと言った場合、鼻をかむのか、においを嗅ぐのか即座には分からない。

なぜ、そのようなことになったのか、ヒントはカグ（嗅ぐ）の発音にある。東北で嗅ぐことをカムと言う地域は、発音上、ガ行音が鼻にかかる地域ときれいに重なる。つまり、この地域ではカグのグはムと同様、鼻音になる。この点を媒介に、カグがカムに引かれ同じ形になってしまったと考えられる。

やっかいなのは、宮城中部から福島にかけてアクセントの区別のない地域があることである。この地域では、噛《か》むのカムまで同じ発音になる。そうなると、「ハナカム」と言ったとき、鼻水をかむのか、花のにおいを嗅ぐのか、それとも、誰かの鼻に噛みつくのか分からないことになるが、実際のところ、そうした不便は耳にしない。

（小林　隆）

カムナ（かまうな）

音融合　禁止や否定限定

「カムナ！」と言われたら、「いや、何も噛《か》んでないけど…」と思う人の方が、このコラムの読者では圧倒的に多いのではないだろうか。

共通語でカムは歯にものを挟んで砕くことを指すが、岩手や山形の方言では人にかまうことや、ちょっかいを出すことなどを表す。たとえば、生まれたばかりの赤ちゃんを見に行った際、あれこれかまったり触ったりしたがる人に、「せっかく寝たんだから、あんまりカムナ」とたしなめたりする時などに用いる。また、自分の持ち物を勝手に触られていらいらした時などには、「カマネでけろ！」と怒りをぶつけたりもする。

いずれも、カムナはカマウナから、カマネはカマワナイから音が融合して変化したものと思われる。意味はカマワナイとほとんど変わらないが、山形ではなぜか禁止や否定の場合に用いられることが多いため、「もっとかまってよ」を「もっとカンデよ」とは言うことはできない。微妙に異なる共通語と方言の違いを噛み分けてみるのもまた一興である。

（澤村　美幸）

カメル（おしゃれをする）

大事な予定に「構える」

ここ数年、初詣にはなるべく着物で出かけることにしている。支度を整えるのも一苦労だが、帯をきちんと締めてかしわ手を打つと、今年も一年頑張ろうという気合が入るのである。

そのような気合が入ったおしゃれをすることを、山形県庄内地方ではカメルと言う。語源は「カマエル（構える）」で、カメール、カメルと次第に形が変化したらしい。

しかし、「構える」ことと「おしゃれをする」こととは、いったいどんな関係があるのだろうか。実は、「身構える」という言葉があるように、大事な予定に備えてきちんとした格好をすることがカメル本来の意味であり、その後、おしゃれ全般を意味するようになったようである。普段はくたびれたジャージばかり着ている人でも、ここぞという時にスーツを着込んでいくのがカメルということである。

ファッションがカジュアル化している今日ではあるが、人生の大事な日ぐらいはきっちりカメて臨みたいものだ。

（澤村　美幸）

ガメル（盗む）

若年層は「パクル」を使用

自宅近くの市民センターの敷地内に大きなビワの木があり、毎年たくさんの実をつける。ところがその実が熟しても誰もとらないので、そのまま傷んでしまっている。もったいないのでそれなら…とは思うものの、どこからか「ガメンのすか（盗むのですか）」という声が聞こえてきそうで、いまだに実行したことはない。

ガメルは江戸時代後期の仙台の方言集『浜荻』にも「かめる　かしめる　かしめた共　むさほり取る事」と載っている。「カスメル」「ガメツイ」と関連があるようだ。宮城ではほかに「ギル」「ジル」という語も使う。ギルはもともと盗人やてきやの間での隠語で、これがジルと変化したものか。若年層は「パクル」を使うようだ。「盗んだ自転車」をガメチャリ、ジッチャリと言うことがある。チャリはチャリンコの略で自転車のこと。傘の場合はジリガサとも言う。

「盗む」という意味の語は隠語も含めると多岐にわたるが、行為の性質上、あからさまに口にしにくい。

（武田　拓）

カラ(〜に)
形は共通語 微妙なずれ

共通語だと思っていたら方言だったという言葉がある。捨てるの意味のナゲルや、降りるの意味のオチルはその典型で、本書にも登場している。形は共通語だが意味がずれているものが方言と気付かれにくいようだ。

こういうものは「てにをは」にもある。例えば、山形のカラ。「泥棒カラ入られた」「犬カラ追いかけられた」という言い方は、山形では共通語と意識されているが、実は方言である。なぜ方言かと言えば、共通語では、「太郎カラ本を渡された」の「本」のように、何か物の移動を伴う場合にカラが使え、そうでないとニを使うのが一般的だからである。だが、この違い、なかなか微妙で難しい。

それでは、デの代わりにカラを使って、「運動場カラ遊んだ」「船カラ来た」と言うとどうだろうか。共通語との違いは明白で、さすがに山形の方々も大きな違和感を覚えるであろう。しかし、前者は山陰東部の、後者は九州・沖縄の言い方であり、れっきとした日本の方言なのである。

(小林　隆)

カラガイ（エイの煮付け）

知恵も染み込む風土食

お盆に母の実家に行くと、決まって山盛りの漬物とスイカ、そしてカラガイが出された。カラガイとは、エイの干物をじっくりと時間をかけて甘辛く煮付けた郷土料理で、祭礼や盆・正月には欠かせないごちそうだ。海から遠い地方では、棒鱈とともに貴重な栄養源ともされた。北海道・東北北部では、「カスベ」と呼ばれる。

カラカイは、江戸時代後期の南部方言集『御国通辞《おくにつうじ》』（一七九〇年）にアカエイの意とあり、末期の仙台方言集『浜荻』では、エイの一種で三月ごろに多く、刺し身をからしみそで食したと説明されている。海に近い仙台ならではの賞味法だ。生のエイを煮付けたり、空揚げにしたりする料理は各地にみられ、煮汁はおいしい煮こごりとなる。

からしじょうゆや酢みそで食べるエゴ（海藻の寒天）、コイの甘煮、本書でも紹介されたダシ（夏野菜を刻んだ料理）等は、風土性やそこに生きる人々の知恵までも染み込んだスローフードの代表格と言えよう。

（遠藤　仁）

ガラガラジ（ヨシキリ）

元気な鳴き声写し取る

「ギョギョシー、ギョギョシー」。川沿いの葦《あし》原で盛んにさえずる鳥がいる。オオヨシキリである。「ヨシ（葦）」を「キル（切る）」という名前を持つこの鳥には、さまざまな方言がある。

東北では、ガラガラジと呼ぶ所が多い。鳴き声を写し取った形だ。岩手、宮城、秋田、山形などで使われる。青森や岩手ではガラガイジ、青森の太平洋側には、カラゲッチやギャロゲッチ、山形ではキャラガッツと言う所もある。一方、よく似た「ギョウギョウシ」の名は、江戸前期から俳諧で用いられ、夏の季語にもなる。

江戸中期の方言集『仙台言葉以呂波寄《いろはよせ》』には仙台方言で「からぐし」、対応する江戸語には「よしはらすゝめ」が見える。「ヨシ」で始まる名前の多くは、室町末期には都で使われ、「ヨシキリ」は江戸時代中期から現れている。

岩手ではゲゲズ、青森の津軽地方ではチョチョジやチョチョシも用いられる。東北のヨシキリは、多彩なオノマトペで元気な鳴き声が表現されている。

（志村　文隆）

カラコビクラセル（頭を叩く）

卑しめ表現 相手に拳骨

筆者が子どもの頃は、「あんまり言うごど聞かねど、カラコビクラセッと」などとしかられることが珍しくなかったと記憶している。カラコビは「頭」を卑しめた表現で、「カラコビン」「カラコベ」などともいう。クラセルは「食らわせる」からきたもので、「げんこつで叩《たた》く」という意味になる。「食らわし付ける」からきた「クラシツケル」を、「叩く」「殴る」の意味で、「クラシツケッと」のように単独で使うこともある。

拳骨でなく平手の場合は、頭を叩くのが「ハタキツケル」、頬を叩くのが「ビンタハル」「ビンタトル」である。「ビンタ」は「鬢《びん》」からきたが、九州では頭や頬を指す。体罰の一つとして、軍隊用語から一般に広まったようである。

愛のムチなどと表現する向きもあるが、体罰は厳に慎まなければならない。手は出さなくとも、言葉による暴力もまた恐ろしい。やった方はすぐ忘れるが、やられた方はその痛みを決して忘れない。

（武田　拓）

カラスガエリ（こむらがえり）

ふくらはぎと烏 謎の縁

足のふくらはぎが急に引きつったようになることがある。共通語では、コムラガエリと呼んでいる。コムラとはふくらはぎの古い言い方であり、ふくらはぎ自体はフクラハギと名が改まったものの、コムラガエリという複合語の中にその姿をとどめている。

このコムラガエリは方言でコブラガエリと言うこともある。東北地方では、コブラガエリの方が圧倒的に優勢である。コムラとコブラは、サムイとサブイ（寒い）、ケムとケブ（煙）のように、古くから「ム」と「ブ」の間で揺れていた。

ところで、山形の置賜地方ではカラスガエリという言い方をする。関東から中部にかけても分布するほか、西日本では、カラスマガリやカラスナエといった言い方も見られる。平安時代の文献にはカラスナメリという語が載っており、カラスナメリとコムラガエリの掛け合わせでカラスガエリができたと思われる。それにしても、烏《からす》はどのような縁でふくらはぎの名前に登場したのか、不思議である。

（小林 隆）

カラツラ（土産を持たないこと）

顔を見せるだけの訪問

春と秋に実施される全国交通安全運動で、「お土産は無事故でいいのお父さん」という標語を目にしたことはあるが、帰宅ならともかく、人の家を訪問するときに「無事故」だけを持っていくのは、場合によってはかなり気まずい。鹿児島には「ツラミヤゲ（面土産）」という表現があるそうだ。顔を見せることがそのまま土産になるということらしい。

東北ではこんな場合、「カラツラで…」「カラミで…」「テボロケで…」などと恐縮しながらあいさつすることになる。カラツラは「空面」すなわち顔だけ、カラミは「空身」すなわち身体だけということである。テボロケは「テ（手）」に、落とすという意味の「ホロク」が付いて変化したもので、手に何も持たずにということである。

そのほか、土産を持たないこと、あるいは手ぶらをさす東北の方言としては、「テンプラリン」「スッテンブリ（素手振）」「テブリハチカン（手振八貫）」などがある。（武田　拓）

カラドリ（芋がら）

雑煮の具になる伝統食

山形の内陸部では、七草に「ナットウズル（納豆汁）」を食べる習慣がある。「汁物に納豆？」などと驚くなかれ、これが結構美味なのである。豆腐、こんにゃく、油揚げ、キノコに山菜、そして欠かせないのが「カラドリ」だ。すり鉢ですった納豆はみそと合わせて溶き、七草の代わりにネギとセリを加えれば出来上がり。納豆の汁物は、今では秋田、岩手、山形などで食されるにすぎないが、江戸末期の百科事典『守貞謾稿《もりさだまんこう》』に、納豆は煮て汁にしたり、しょうゆをかけて食べたりするとあるから、江戸でも一般的だった。

江戸中期の『仙台言葉以呂波寄《いろはよせ》』（一七二〇年）に「からとり　づいぎの事」、庄内方言集『浜荻』（一七六七年）にも「ずいきヲ　からとり」とあるが、秋田の一部、宮城、山形、福島では、イモ自体を指すこともある。少しえぐみもあるが、雑煮の具、煮物、酢の物にもされる伝統食だ。皆さんの地域ではどんなふうに召し上がるのだろう。

（遠藤　仁）

カリアゲ（収穫祝い）

稲刈り後 田の神に感謝

十月末。黄金色の稲穂がすっかり刈り取られた景色は、短い秋の終わりを告げるようである。

現在は秋祭りなどが行われることはあっても、稲刈り終了そのものを祝う行事はあまり目にしない。だが昔は自然の恵みに感謝し、餅をついたりして祝うことが一般的であった。このような収穫祝いのことをカリアゲと言う。東北や新潟、関東などに見られるが、特に山形や福島の多くの地域で用いられる方言である。

共通語でカリアゲと言えば、男子学生などの短く刈り上げた髪形を指す。これと同様に方言のカリアゲは、田んぼの稲を刈り上げることを意味していたものが、稲刈り終了後に行われる収穫祝いを指すように変化したらしい。

東北ではカリアゲの他、アキアゲ、アキジマイ、ニワバライ、カッキリなど、さまざまな方言がある。豊かな実りをもたらしてくれた田の神に感謝をささげる行事の消滅とともに、こうした方言もいずれ姿を消していってしまうのだろうか。

（澤村　美幸）

カレル（蚊に刺される）

多様な表現　発想は共通

昼間は汗ばむほどの気候になる六月。ようやくコートも上着もいらない季節がやって来た。長く厳しい寒さに耐える東北人にとって、身軽に出掛けられる夏は活動的になる時期である。しかし、気温の上昇とともに活発に動き回るのは人間だけではない。今年もまた、耳元に聞こえる羽音…そう、小さいがあなどれない奴との戦いが始まるのだ。

蚊に刺されにくい人と刺されやすい人に分けるならば、筆者の母などはまさに「刺されやすい人」の典型である。ちょっと畑に出ただけで、「またカレテしまったはー（刺されてしまったよ）」と、必ず何カ所かやられて帰って来る。カレルとは蚊に刺されることをいう方言で、宮城や山形で使われる。語源はクワレルで、カーレル、カレルと変化した。

蚊に刺されることを表す言葉も、実は地域によってさまざまな言い方がある。クッツカレル（食いつかれる）やカマレル（噛まれる）など、表現は異なるものの、発想が共通しているのが面白い。

（澤村　美幸）

カンジョ（心積もり、予定）

「考え定めること」原義

「カンジョ」は「勘定」に由来し、「考え定めること」が原義である。飲み屋で帰り際によく使うというお父さんも多いだろうが、共通語ではもっぱら「お金の計算（をすること）」「代金を支払うこと」の意で、「雨が降るのは勘定に入れていなかった」などと言う場合に古い意味が顔を出す。

方言では、秋田、岩手、山形、新潟で「あえづぁどだなカンジョでいるもんだが（あの人は、どんな心積もりでいるのやら）」など「心積もり・予定」の意で、また土井八枝の『仙台の方言』＝一九三八（昭和十三）年＝に「明日あたり、御花見さ、御一緒したござりすけんと、あんだほのカンジョなじょでござりすや」と「都合」の意もみえる。

文献では「考え合わせ判断すること」や「金銭や物の数量を数えること」の意で古く平安時代の漢文に現れ、もともと硬い語感をもつ言葉だった。それが話し言葉である方言の世界に、まるで別物であるかのように深く浸透しているから不思議だ。

（遠藤　仁）

ガンズキ（蒸し菓子の一種）

月夜に飛ぶ雁、見立てる

岩手で過ごした子どもの頃から親しんでいる。時には昼食のパンのような役目も果たしてきた。仙台に住むようになっても、おいしいガンズキによく出会う。スーパーなどでは「黒糖ふかし」といった「共通語」も見かける。

ガンズキは、岩手や宮城を中心に使われる。見た目は蒸しパンに近いが、ややしっとりした口当たりで、もちもちとした弾力がある。かむほどに、黒砂糖とゴマ、クルミの味が甘く引き立ってくる。岩手では、農作業の間食として出されることも多い。宮城のガンズキには、ようかんに似たタイプのものもある。

語源には諸説ある。広く知られているのが、ガンズキの表面に散らばるゴマやクルミを、月夜の空に群れをなして飛ぶ雁《がん》に見立てたとするもの。この場合、漢字では「雁月」と書くことになるため、仮名での表記にはガンヅキが合う。

この原稿を書くと決めて、ガンズキを食べることに。岩手からの帰り道、伊豆沼で見た雁の群れをふっと思い出した。

（志村　文隆）

ガンチョーマイリ（初詣）

古い漢語 格式高い響き

「元朝参り」と書かれるので、東北地方では共通語と受け止められることが多い。しかし、全国ニュースなどではもっぱら「ハツモウデ（初詣）」が用いられるように、いわば共通語の顔をした方言なのである。東北地方から茨城にかけての太平洋側で用いられることが多い。なお、初日の出を拝むことが「元朝参り」で、三が日に行う宮参りは「初詣」と厳密に区別する土地もある。

「元朝」は「元旦」とほぼ同義であり、漢籍にも現れる古い漢語である。わが国では、室町時代以降、漢文調の硬い文章に現れ、江戸時代には、往復書簡文のスタイルをとることから往来物と呼ばれ、子どもたちが寺子屋で学ぶ際に用いた教科書にも例が見える。ガンチョーマイリという言葉が、硬く格式高く聞こえるのは、そうした事情による。

読者の皆さま方は、どちらにお参りにいらっしゃるかお決まりだろうか。お健やかに新年をお迎えになられるよう、心よりお祈り申し上げたい。

（遠藤　仁）

カンナガラ（かんなくず）

木材削る音 復興を象徴

「復興の槌《つち》音が聞こえる」という表現を震災後よく見聞きするが、そのたびに、木材を削る鉋《かんな》からもシューッという音がしているのだろうな、と想像する。槌音と比べると小さいので、そばに寄らないと聞こえなさそうだが。

子どもの頃、大工さんが鉋がけをする作業は見ていて飽きなかった。中学生になって「技術・家庭」の授業で本箱を作ることになり、実際に鉋を使ったが、表面が滑らかにならず、むしろささくれだってしまった記憶がある。

東北や北関東には、削るときに出るくずをカンナガラ（鉋殻）というところがある。カラは「空」と同源とされ、中身を取り去ったあとに残る外側の硬い部分をさすが、大工さんによるカンナガラは向こう側が透けて見えるような芸術品である。「カンナガラに火の付いたようだ」という表現もあり、宮城ではおしゃべりなさま、山形では性急なさまを言う。火を付けるとパチパチと音を立ててよく燃えることからの転用であろう。

（武田　拓）

ガンバッペ（がんばろう）

力強い「べー」復興象徴

救援活動の自衛隊のヘルメットに「がんばっぺ！みやぎ」のステッカーが貼られた。地元の方言で被災地を応援しようというアイデアだ。たしかに「がんばろう」より「がんばっぺ」の方が、やる気が湧き上がる感じがするから不思議だ。生活に溶け込んだ方言の力と言うべきだろう。

ところで、このガンバッペ、地域によって少しずつ言い方が違っている。例えば、岩手県大槌町でガンバルベー、宮城県の気仙沼市でガンバンベー、そして石巻市や福島県のいわき市ではガンバッペとなる。

べーの語源は、かつて古典の世界で使われた「べし」である。「べし」は滅びたが東北の地で再び芽を出し、右のようなさまざまな言い方となって花開いた。その生命力の強さからして、べーは東北復興の象徴とも言える存在である。

被災地のみなさまが方言の力で少しでも元気になってくださるよう、われわれもガンバッペの心を届けていきたい。

（小林　隆）

ガンマエ（なんとかして）

底意地悪い言い方にも

東北人といえば、無口、朴訥《ぼくとつ》といったイメージを持たれることが多いが、それはあくまで表面的な顔である。いったん打ち解けてしまえばあけすけで、相手にも容赦なくなる話しぶりは、他地域の人には想像がつきにくいのではないだろうか。

そんな東北人の裏の顔がのぞく言葉の一つに、山形方言のガンマエがある。例えば、バイキングで料理をお皿に山盛りにする人に向かって、「ほだいくいんだがよー。ガンマエくてみろ（そんなに食えるのかよ。食べられるものなら食べてみろ）」と挑発したりすることもある。

また、多方面に興味があって何でもやりたがる人には「ガンマエしてみろ（やれるものならやってみろ）」と揶揄《やゆ》する。どちらのガンマエも、まず無理だと判断して言うもので、見方によってはかなり底意地が悪い発言と言える。

ちなみにガンマエの語源は「かまえて」で、平安時代から用例が見られる。現代の東北でこのように用いられることには、平安の都人も驚くことであろう。（澤村　美幸）

キカット（きちんと）

他とは異なるさま示す

「ほのリンゴ、キカット箱さ詰めさえ（＝そこのリンゴをきちんと箱に詰めなさい）」と言われたら、言葉の調子からも誰もが整然と並べるに違いない。土地によっては「キタット」とも言う。

古語「キカト」が転じたもので、室町時代ごろ、禅宗の僧侶たちが漢詩文を民衆に向かって読み解く際に、「歴然と」「明白に」など物事が他とはひときわ異なっていることを表す場合に多く用いられた。知識階層が威厳をもって話す場合のやや硬い言い方だったようだ。

その画然と区別されるさまが、地方では「きちんと」「几帳面《きちょうめん》に」という意味になり、秋田、岩手、宮城、山形で用いられる。青森、秋田、岩手には、「ぴたっと」「すっかり」という意味で、「キタット」「ギタット」という言い方をする土地もある。

仙台弁には「キカットした顔」という言い方がある。「りりしい顔立ち」かと思えば、相好を崩さない「愛嬌《あいきょう》のない顔」のことで、どうやら褒め言葉ではなさそうだ。（遠藤　仁）

キカナイ（気が強い）

女性に使うケースが多い

「あそごのがかさまはキカネなー（あそこの奥さんは気が強いなあ）」のように使う。「おらいのもキカズだ（うちのも気が強い）」のように「キカズ」とも。キカナイもキカズも「他人の言うことを聞かない」ことからきたもので、山形、新潟では文字通りの意味で使うが、宮城では「気が強い」「勝ち気」という意味で使うことが多い。

また、宮城では女性に対して使うことが多いようだ。男性にくらべれば女性の方がキカナイ性格である人の割合が低く、そういう性格の女性は目立ってしまうからであろうか。かつてのクラスメートはどうだっただろうかと思い出しているうちに、多くは丙午《ひのえうま》の生まれだったことに気付いた。が、ほかの学年の女子にくらべてキカナイ人が特に多かったという記憶はない。

草食系男子、肉食系女子という言葉を最近よく耳にする。「戦後強くなったのは女性と靴下」という言葉もあったが、今後ますます女性が強くなっていくのであろうか。（武田　拓）

キク（タラの白子）

菊の花の形状から命名

冬になると熱い汁物が欲しくなる。タラ（鱈）を使った東北の郷土料理として、青森のジャッパ汁や山形県庄内のドンガラ汁がある。ジャッパ、ドンガラとも「あら」の意味である。白子（オスの精巣）も具材として欠かせない。

フグやアンコウのそれもあるが、一般的には白子といえばタラのものだろう。ポン酢や天ぷらにして食べることもある。独特の歯ごたえ、味わいは大人向けである。ちなみに、子どもが好きなタラコ（明太子）はスケトウダラの卵巣である。

宮城、岩手ではキクのほか、「タラキク（鱈菊）」「キクワタ（菊腸）」と呼ぶ。形が菊の花に似ているところからの命名である。秋田、山形、北陸地方では主に「ダダミ」と呼ぶ。段々状の形を表現する「ダンダラ」な「ミ（身）」からきたという説がある。青森、北海道では主に「タチ」と言う。栄養価が高く滋養強壮に効果があるからか。「クモコ（雲子）」と呼ぶ地方もあるが、これは形を雲に見立てたものだろう。

（武田　拓）

キサイ（いらっしゃい）

室町時代の京言葉広まる

愛媛の宇和島に旅行した知り合いからお土産に煎餅をいただいた。その名も「きさいや煎餅」。このキサイヤは宇和島方言で「いらっしゃい」の意味であり、ご当地の有名方言を商品名に利用したものである。

ご存じの方も多いと思うが、伊予宇和島藩は、伊達政宗の長男、伊達秀宗が初代藩主となった土地である。多くの家臣団を連れて入部したため、アクセントをはじめ、仙台方言の影響があるのではないかと言われている。キサイ、つまり、「来サイ」も確かに仙台方言のひとつである。ただし、「来サイ」「見サイ」などのサイは、もともとは室町時代の京言葉であり、それが直接、宇和島に伝わった可能性もある。サイは九州でも使われることからすれば、かつての都の言葉が東西に伝播したものと考えた方がよさそうだ。

ところで、キサイに「ヤ」を付けた言い方は東北では聞かれないのではないか。この点も、仙台と宇和島のキサイを結びつけることに慎重にならざるを得ない理由である。

（小林　隆）

キシャズ（おから）

「包丁で切らず」語源か

消費量が減って処分に困るようになったために、産業廃棄物扱いされることもあるそうだが、キシャズは栄養があってしかも安価な食材である。油揚げ、シイタケ、ニンジンなどと一緒にしょうゆ味で炒り煮にするのが一般的で、食料品店のお総菜売り場にもよく並んでいるが、煮魚などの残り汁を再利用すると手軽に作れる。作り過ぎると途中で食べ飽きてしまうこともあるが。

「オカラ」の呼び名は、豆腐を作る際に豆乳をしぼった後に残る大豆の「殻《から》」であるためだが、「空《から》」に通じることを避け、包丁で切らずに調理できるところから「キラズ（雪花菜）」とも呼ぶようになったという説がある。キラズは方言として全国各地に分布するが、宮城、岩手ではさらにキシャズと変化した。山形では「トーフカラ」という。

若い人の中には、キシャズという方言どころか、おから自体を知らない人も少なくないようだ。方言聞き取り調査で、キシャズができる過程の説明が必要になった経験がある。

（武田　拓）

キッキ（じゃんけん）

子どもの遊び言葉豊か

先日、ちょっとした決めごとをするために同僚（大阪府の北部出身）とじゃんけんをした。私は「ジャンケンポン」。同僚は「インジャンホイ」。一瞬だが沈黙が流れた。

勝ち負けや順番を決めるじゃんけんの名称に地域差があることは、本書で「イシケン」を取り上げた時に紹介している。だが、実際には「イシケン」に限らず「キッキ」と呼ぶ地域もある。青森、岩手、秋田、山形、福島で使うが、中には語形が変化して「キュッキュ」とか「キッチ」という地域もある。

『山形県方言辞典』には、あいこになった場合の掛け声も紹介されている。「きっきのきのこ汁、あためて大根汁」。子どもの遊びの世界では言葉遊びが豊かに広がる。そういえば、別の同僚（大阪府の南部出身）が、じゃんけんをする前に友達を寄せ集めるための掛け声を教えてくれた。「インジャン　インジャン　ポッサンキューノ　サームイネー　ブル　ヨットイデ」。東北には、どんな掛け声があるだろうか。

（櫛引　祐希子）

キックラゴシ（ぎっくり腰）

物の節目がこすれる音

病院に行くと、突発性腰痛や急性腰痛症などと物々しく言われることもあるが、いわゆるぎっくり腰のことである。経験がおありの方からは「んだ、キックラゴスんなって、すばらぐあるがいねがったんだでば（しばらく歩けなかったんだよ）」といった反応が返って来そうである。もっとも、物々しいのはむしろ症状の方であり、ドイツ語のHexenschuss（ヘクセンシュス）は、直訳すると「魔女の一撃」となり、何とも言い得て妙である。

宮城、青森、北海道などでは、キックラゴシや「キクラセンキ」「キクラヘンキ」などと呼ぶ。「キックラ」「キクラ」は「ぎっくり」と同じく、物の節目などがこすれてたてる音を表し、「センキ」「ヘンキ」は「疝気」で、漢方の世界で主に下腹痛を指す。茨城などでは「キヤリゴシ」と呼ぶようである。

昔から人々を悩ませてきたと思われるものの、この症状を意味する方言は文献にも方言集にもあまり見あたらず、歴史や分布についてはよく分からない。

（武田　拓）

キッツ（米びつ、板倉、水槽）

温かみ変わらぬ木の箱

家庭の台所などに置かれる、米の保存容器が米びつである。金属やプラスチック製が多い。「コメビツ」のほかに「コメバコ（米箱）」も聞かれる。「ライスボックス」の名も見かけた。これをキッツと呼ぶ所が東北各地にある。

語源はキヒツ（木櫃）で、キツ、キッツ、キシなどに変化した方言が、東北地方や新潟県の一部で、米びつのほか、木製のさまざまな入れ物を指して用いられる。

東北北部を中心に木製の水槽に、青森では、魚を入れる浅い箱、あるいは牛馬の飼料を入れる、かいばおけに使われる。一方、宮城県北などでは、籾《もみ》や穀物を蓄えておくのに使った木造の倉（板倉）を言う。どれもが「木製の容器」であることでは共通している。

板倉は東北の農家のたたずまいのなかに見つけることができる。古い木製の米びつも、旧家などでは、台所や納戸にあるだろうか。日頃、キッツと呼ばれることは少なくなっても、温かく物を包んできた木目はそのままである。

（志村　文隆）

ギッツ（牛乳）

「ギュー」と乳の古語「チ」

明け方になるとカチャカチャと牛乳瓶のぶつかりあう音がした。それに続いてコトンとなったら、玄関脇の木箱に牛乳が届いた合図だ。「ギッツ飲んでがら学校さ行げよ」。岩手の祖父がよく言っていた。

牛乳のことをギューチ、ギュッチと呼ぶところが、東北各地にある。ギューチチの形では、関東、近畿、四国などの一部でも使われる。乳《ちち》を表す古い言葉はチ。東北では、「ベゴノチコ」、「ウシノチッチ」と言うところもある。

東北方言では、「キュークツ（窮屈）」が「キグツ」と発音されるように、「ギュー」の部分を「ギ」としたギッツも使われた。牛乳の普及は明治以降のこと。ギューチなどが東北各地の方言集に登場するのは大正から昭和の初めで、「ギューニュー」が大半を占める現在から見れば、比較的短い間しか使われなかった東北方言である。

牛乳配達のおじさんは自転車でやってきた。ハンドルに下げられた布袋から現れる厚いガラス瓶のギッツは、穏やかな味がした。

（志村　文隆）

キドコロネ（うたた寝）

服着たまま　いい気持ち

寝間着やパジャマに着替えず、布団やベッドも使わずにうたた寝することをキドコロネという。寒い冬には、畳の部屋に設置したこたつに入り、酒を飲んだ後で横になると、寝返りはしにくいものの、いい気持ちになってつい寝入ってしまう。

子どもの頃、夕飯後、キドコロネをしてしまっても、ときどきはそのまま親が抱きかかえて布団に連れていってくれ、いい気持ちは朝まで続いた。もっともいいことがそうそうあるわけではなく、高校生のときは、自分の部屋で試験前夜に勉強をしていて、ちょっとキドコロネのつもりが、起きたらすでに登校する準備をしなければならない時間であった。その結果、試験の成績がどうなったかは言うまでもない。

最近はスウェットの上下を昼夜兼用で、外出時もそのまま、という人も珍しくなくなった。こうなるとうたた寝も就寝もどちらもキドコロネといわなければならないのであろうか。

（武田　拓）

キビチョ（急須）

中国南方の発音が語源

湯を差して茶を煎じる茶器「急須」を東北地方ではキビチョと言う。キビショなども含めると関東の一部、北陸、中部や九州などでも広く使われる。

もとは中国で酒の燗《かん》に使う器で、中国南方で使われていた発音「キピシャオ（急焼）」とともに江戸時代中期に伝わり、キビショやキビチョに変化した。

「急焼」とは速やかに煮える意。この時期に書かれた『東海道中膝栗毛』に「はこ火ばちのうしろに（中略）どびんあり。上《かみ》がたにては、これをきびしよといふ。今ゐど（江戸）にもたまさか（たまに）見へたり」とある。当時は京都や大阪で使われた言葉で、このあと各地に広まったようだ。

「お茶っこ入れっから、キンピチョコとってけさえ（とってください）」。ご近所のお友達との「お茶っこ飲み」の時間は、温かいお茶で東北方言キビチョを招く絶好のチャンスになりそうだ。

（志村　文隆）

キビチョグチ（話に割って入ること）

急須の形や機能に由来

キビチョグチは山形の方言の一つで、直訳すれば「急須の口」となる。キビチョとは、本書でも紹介しているように、急須を表す東北方言である。しかし、急須の口とはいったい何を意味するのか。

これは、人が話をしている時に横から口を出したり、その間に割って入ることを表す言葉である。また、そのような人に対して、「キビチョグチ出さねでけろ（横から口を出さないでくれ）」とたしなめるのに用いられたりもする。

ところで、なぜこうした行為をキビチョグチと言うのだろうか。理由は二つ考えられる。一つは、急須の注ぎ口は長いくちばしのように見え、話に口出しするという意味の「くちばしを入れる」ということわざを想起させるためと思われる。さらに、お茶を注ぐという急須の機能が、「水を差す」こととイメージ的に重なるのも一つの要因として考えられる。

それにしても、人の話に割って入ることで、「急須の口」と言われてしまうのは酷な気がするのは筆者だけだろうか。

（澤村　美幸）

キマリ（区切り、完了）

物事 思い通りまとまる

「よしっ、キマリ！」。何かを決定したのではなかった。商品の箱詰め作業が終了した時点で声に出した区切りの合図だった。学生時代、アルバイト先で使ったことがある。「決着」や「完了」の意味に近い。

このようなキマリの使い方は、宮城や岩手などで多彩に広がっている。「今日ぁ、このあだりでキマリがな（今日は、このあたりで終了かな）」「キマリのどごまでやっぺ（区切りのところまでやろう）」。動詞形でも用いられる。「ようやぐキマッた（ようやく終わった）」

キマリとは、動詞キマル（決まる、極まる）の連用形を名詞化したもの。「物事が済む、終わる」意味でのキマルは、宮城や岩手のほか、山形や福島でも用いられる例がある。

江戸語のキマリには、「きちんとする」「物事が思い通りにまとまる」などの意味があり、これらを由来と見る説がある。現代の共通語にも、物事に決着がつく意味の「キマリがつく」がある。「これでキマリ」。こう言える瞬間に出会いたいものだ。

（志村　文隆）

キリコミ（塩辛）

小さく切る調理法表現

塩辛《しおから》とは魚介類の肉、内臓、卵などを塩漬けにしたり、麹《こうじ》を入れて発酵させたりした食品のことである。もともとは生魚を保存するために考案された、いわば動物性の漬物である。文献によると、平安時代には作られていたらしい。

東北ではキリコミと呼ぶ。作るときに素材を「切り込む（小さく細く切る）」ことからきたのであろう。素材としてカツオやアユを使う地域もあるが、東北ではイカを使うことが多いので、キリコミと言えば普通はイカの塩辛を指す。ご飯のおかずや酒の肴《さかな》の定番という方も多いのではないだろうか。塩分が気になるが、自家製にすれば調整できる。やってみたら思いのほか簡単であった。

群馬の郷土料理に「おきりこみ」がある。こちらは小麦粉の太めの麺を野菜が入ったみそ仕立ての鍋で煮込んだうどんである。こちらは麺を作るときに小麦粉をこねた生地を切るところからそう呼ぶようになったのであろう。

（武田　拓）

ギリスベ（義理を果たすこと）

首尾つけ「うまく処理」

「首尾」はもともと「あたま」と「しっぽ」のことであるが、そこから派生して、「始めと終わり」「物事を（うまく）処理すること」の意味にもなる。「首尾」で終わる語は、『広辞苑』には上首尾、手首尾、不首尾、無首尾の四語しか記載がないが、宮城、岩手にはギリスベ（義理首尾）がある。

岩手出身の宮澤賢治の「これらは素樸《そぼく》なアイヌ風の木柵であります」という詩にも、「炊《すい》爨《さん》と村の義理首尾とをしながら」という一節がある。「義理をうまく処理する」という発想からきたギリスベは、ことわざの「義理とふんどし欠かされぬ」と通じるところがある。

ほかにも、宮城には食事の後片付けを意味する「アトスベ（後首尾）」がある。取りかかるのはよくても後片付けがおっくう、というのはよくあることで、特に食事でその傾向が強い。そこに目を向けた語である。同じ意味のものとしては、宮城に「ハシリシマイ」、山形に「ナガシシマイ」がある。

（武田　拓）

キリセンショ（餅菓子の一種）

桃の節句にふるまう

ひな祭りが近づくと口にしたくなる。岩手の県央部に伝わり、淡い甘さにしょうゆの味も感じられる餅菓子で、スーパーなどでも売られている。

キリザンショウ（切山椒）とは、一般に山椒の汁と砂糖を混ぜて作った餅菓子を言う。ところが岩手の場合、現在は山椒を使わないのが普通である。表面に箸などでくぼみ模様を付けたり、花の形をした木型などで仕上げるのも特徴だ。キリザンショウから変化したキリセンショの発音で、岩手のものと分かるのがおもしろい。

桃の節句には多くの家庭で作られて、ひな壇に供えられたが、最近はその習慣も少なくなった。「おひなっこ、お見せってくなんしぇ（おひな様、見せてください）」。子どもたちが家々のひな人形を見て回ると、キリセンショのほか、花や柿などの形をした「花まんじゅう」がふるまわれた。

祖母や母が使ったものという、キリセンショの古い木型が物置にある。二人でひな飾りの前に座り、きっと味の自慢をしていたのだろう。

（志村　文隆）

キリバン（まな板）

用途を問わない京言葉

マナイタは平安時代の辞書にも見える古い言葉で、早くから共通語的地位にあったためか、東北南部から九州に及ぶ広い範囲で用いられる。マナは「最上の副食物」の意で、主に魚がそれに相当したため、もともと魚用の調理板を意味した。料理人を「板前」、調理場を関東で「板前」、関西で「板場」と呼ぶのも、この語と関係がある。

一方、野菜用の調理板もあり、これを「サイバン（菜板）」と称した。青森・秋田・岩手、茨城・千葉、石川、五島列島などで用いられる。

宮城では、用途にかかわらない「キリバン（切盤）」が用いられ、大正から昭和にかけての多くの方言集にも記載されている。室町時代以降に生まれた新しい京言葉で、宮城は近畿地方北部・北陸から東海・関東を経て連なる広範な使用地域の最北端に位置している。

まな板の名称の地域差は、用途に応じた使い分けの消失とともに、いずれの名称を残したか、あるいは全く別の新語を採用したかの相違ともとらえられる。

（遠藤　仁）

キンツバ（大判焼き）

似て非なる両者 なぜ？

福島県南相馬市小高区は何度も方言聞き取り調査で行っている。あるとき小高駅前の商店街で「きんつば」と大書した看板を掲げた店が目に入った。気になったので近付いて中をのぞいたところ、本書のほかの項でも取り上げている大判焼き（今川焼き）用の焼き型があり、これを使って焼いたものをキンツバと呼ぶことが分かった。調べてみると、福島北部だけでなく会津でもそう呼ぶところがあり、さらには関東にも散在するらしい。

全国的には、キンツバと言えば「金鍔《きんつば》焼き」の略で、水で溶いた小麦粉を餡《あん》に付けて焼いたものを指すのが一般的である。同じ「お菓子」に分類されるとはいえ、似て非なる両者だが、これらの地点ではうまく「棲《す》み分け」しているのだろう。お菓子自体の歴史の解明が待たれる。

この店も含め、小高駅前の商店街は原発事故に伴う警戒区域であったが、今は避難指示解除準備区域である。営業再開の日が遠くないことを祈っている。

（武田　拓）

グエラ（急に）

力を込める動作を強調

江戸末期に山形県米沢地方で編まれた方言川柳集『羽陽《うよう》の末摘花《すえつむはな》』に「いけすかぬなて頬冠りぐいらとり（気に食わないやつだなどと言って頬被りを急に引っ張って取った）」という句がある。「急に」と「力を込めて」とが複合した意味なので、なんとも訳しにくい。

江戸後期の方言集『仙台方言』（一八一七年頃）にも「グイラ　急ニ強キ意ニ用ユ　グイラ歯ヲヌク　グイラナゲツケル　グイラ引パル　ナト云類ナリ」とある。岩手、福島、栃木、群馬、埼玉でも用いられる。山形、福島、栃木、新潟では「ゴエラ」とも言う。

江戸末期の仙台方言集『浜荻』では「スイラ」も同義とされるが、時代は下って岩手、宮城、山形に残る「ズエラ」は、「ほんかのおどちゃ、来たがど思ったらズエラ帰ってってった（本家の主人は、来るなりすぐに帰ってしまった）」と時間的な意味で用いられることが多い。動作などに言うグエラと役割分担をはかった結果なのだろう。

（遠藤　仁）

クエル（閉じる・ふさぐ）

「クワエル」から転じる

方言には文字で書き表すのが難しい言葉も多い。この言葉も土地によっては「クフェル」に近い発音となる。東北六県のほかに、新潟、鹿児島、沖縄などで用いる。

意味は多様で、おもに目・口などを閉じたり、穴をふさいだりする意味で用いる。着衣がはだけているのを「前をかっくえろ」と注意したことが、江戸末期の仙台方言集『浜荻』に見える。江戸語で言うなら「フタグ」が相当するという。

語源には諸説あるが、「食イ合ウ」の約で、口に軽くはさんで持つ意の「クワエル（銜）」が転じたものであろう。クウは、室町末期の京言葉を収めた『日葡辞書《にっぽじしょ》』（一六〇三〜〇四年）に「かみつく。また、一つの木が他の木の中、あるいは、孔の中などにきっちりとはまりこむ」とある。元が同じ言葉だけに、方言のクエルが「閉じる・ふさぐ」意を受け継ぐのも、東北各地で切り傷などの傷口がふさがって治ることを「クワル」と言うのも、根本は同じなのである。

（遠藤　仁）

グジナ（たんぽぽ）

「藤菜」から転じた古称

仙台市内でも、時折、在来種のエゾタンポポを見かけることがあり、西洋タンポポに慣れた目には新鮮に映る。

このありふれた草の名も、江戸中期の方言集『仙台言葉以呂波寄《せんだいことばいろはよせ》』（一七二〇年）には、「グジナ」という耳慣れない名称で記されている。これは薬になる天然の産物を解説した平安時代の書『本草和名』（九一八年頃）に見える「フヂナ（藤菜）」の転じたもので、昭和に入ると急速に衰え、戦後はもっぱら「タンポポ」と呼ばれるようになった。

一方、共通語のタンポポは意外に新しく、室町時代中期の国語辞書『文明本節用集《ぶんめいぼんせつようしゅう》』（成立年未詳）に「蒲公草」の訓として見える例が古い。語源には諸説あるが、子どもの遊びに起源が求められ、茎の両端を細かく裂いて反り返った形が鼓に似ていることから、鼓の音を模した「タン」「ポポ」があてられたとする説が有力である。それゆえ江戸時代には「ツヅミグサ（鼓草）」という異名もあった。

（遠藤　仁）

クズラモズ（くじら餅）

切り身になぞらえ命名

山形県北村山・最上地方で「久持良餅」と表記し、桃の節句にお供えした。青森に伝わるものは、「久慈良餅」「鯨餅」と書かれたように思う。幅広く分厚い羊かんに似て、手にするとずしりと重い。江戸末期の仙台方言集『浜荻』にも記載があり、羊かんとういろう餅とを合わせたようなもので、鯨肉の切り身になぞらえた命名だという。

都の文献に登場するのは、今からおよそ四百五十年前、室町末期のことである。漢字表記のごとく縁起をかついだ命名とも、屑米を使ったから「クズモチ」の転とも言われるが、古くは白餅と黒あんの二層からなっていたというから、『浜荻』の語源説が妥当とみられる。

現代は、もち米とうるち米を石臼でひき、黒砂糖やみそ、しょうゆを加えて練り合わせ、くるみ、ゴマ、小豆などで彩りをそえて蒸し上げる。もち米の割合や加える材料には、家庭ごとに独自の工夫がある。出来たてが一番だが、固くなったのをあぶれば、なんとも香ばしくおいしい。

（遠藤　仁）

グズラモズラ（ぐずぐずする様子）

行動決めかね右往左往

東北にはユニークなオノマトペが多い。そのひとつがグズラモズラである。この言葉が共通語のグズグズに当たることは容易に想像がつくであろう。同じ様子を表すにも、グズグズよりグズラモズラと表現した方が、どうしようか、やめようかと思案する様子が目に浮かんでくる。

こうした臨場感あふれるオノマトペは東北方言が得意とするところで、ほかにも、グズラガズラ、グズラヒズラ、グズラシシャラなど、微妙な音の変化を楽しむことができる。

この末尾に「ラ」の付くオノマトペは東北方言のひとつの特徴で、昭和初期、土井晩翠の妻、八枝が著した『仙台の方言』には、ガタラヒスラ（戸を閉める）、ノサラクサラ（はい出す）など「〜ラ〜ラ型」のオノマトペが豊富に載っている。高知出身の彼女はふるさとの方言集『土佐の方言』も作っているが、そちらのオノマトペはそれほど多くない。彼女にとって、仙台のオノマトペは目を見張るほど新鮮なものだったにちがいない。（小林　隆）

クタマエナル（気にかかる）

やる気になれない焦り

誰しも「早く何とかしなくては…」と思いながら、放置したままになっていることがあるのではなかろうか。こうしたことは先延ばしにすればするほど、クタマエナってくるものである。

クタマエナルとは山形で、気がかりなことや苦になることを表す方言である。クタマエとは、邪魔なことや気がかりなことなどを意味する東北・関東の方言のクタマと、格助詞のニが変化したエによって構成されていると考えられる。

この言葉は、歯に物がはさまって取れない時に「クタマエナてすんなえ（気になってしょうがない）」などと使われたり、早くお礼をしなければならない時などの心理的な負担感を表したりする。いずれにしても、問題ははっきりしているのに、すぐには解決できない、あるいはなかなか手をつける気になれない焦りがクタマになるということだろう。

生きている限り、やるべきことは無くならない。できればクタマエナル前に、早め早めに片付けておきたいものである。

（澤村　美幸）

クダリ（南西風）

北前船が上方から利用

新幹線の「下り」ホームに立っていると、東京の方向から列車がやって来る。クダリの意味には、「都から地方へ行くこと」「東京などの起点から終点への方向」の例がある。

風の名前クダリは、南西や南から吹く風を指して言う。おもに青森、秋田、山形のほか、北海道や新潟の日本海沿岸で使われる。特に漁師の間で用いられるのを耳にする。江戸時代には、日本海を航行する北前船が、上方から東北や北海道方面に下る時、帆に受けて利用した風である。

逆に上方に上る時に使った北寄りの風は、「アイ」や「アイノカゼ」と言われ、日本海沿岸各地に広く残る。「アイの朝なぎ、クダリの夜なぎ（北東風は朝にやみ、南西風は日中吹いても夜にはやんで海は静かになる）」。青森出身の漁師から教わった。クダリは、西九州などにもわずかに残る。東北地方とは反対向きに北東風を言うが、都から「下る」意味では共通している。

春から夏に多くなるクダリ。東北にも暖かい風を乗せた一番列車がやって来る。（志村　文隆）

クチサビ（マムシ）

蛇の呼び名 合体し変化

少し前のことになるが、林に沿った小道の中央で、毒蛇のマムシに出くわした。特徴的な銭形の紋。とぐろを巻き、日なたでのんびりと昼寝を決め込んだようだ。

マムシの東北方言として代表的なものにクチハビ・クチサビ、クソヘビがある。クソヘビは岩手県北や秋田県、山形県北部、福島県東部に見られる。クチハビやクチサビは、この間に挟まる形で、宮城県から岩手県南の旧仙台藩領域に重なるように分布している。

マムシより早く、平安時代中期から京都などで文献に登場した言葉に「ハビ」「ハミ」がある。これに無毒の蛇の総称として用いられてきた「クチナワ」の「クチ」部分が結びつき、鎌倉時代にはクチハミが誕生した。この類が仙台周辺のほか、関東や中国地方に残る。宮城と岩手内陸南部ではクッチャビやクッツァビも聞かれる。

マムシは、ほかの蛇に比べて体形が短めなのも特徴だが、方言の世界をたどっていくと、こちらは思いのほか長い歴史が渦巻いている。

（志村　文隆）

クチバシガナガイ（運良く食べ物にありつくさま）

偶然を装ってお相伴に

子どもが寝るのを待って、大人だけでおいしいものを食べようとしている。子どもはそのことに気づき、自分も食べたいと思ったが、すぐに出ていったのでは食い意地がはっていると思われてしまう。かといって、おいしいものを食べるのを諦めたくもない。そこで、トイレに起きた際に偶然それを見つけたというふりをし、「この子はクチバシガナガイね」という展開にもちこむ。ませた子が考えそうな作戦である。そんな人物を宮城では「イヤシコ（卑し子）」と呼ぶ。

食べ物があるところに偶然行ってお相伴にあずかることを、東北や北海道ではクチバシガナガイ（くちばしが長い）と表現する。逆に、ちょうどなくなったところに行ってもらいそこねることを、秋田などでは「クチバシガミジカイ（くちばしが短い）」と表現する。くちばしが長ければそれだけ遠くあるいは奥にある食べ物をとれる。『イソップ寓話《ぐうわ》』の「狐と鶴のごちそう」のように、邪魔になる場合もあるが。

（武田　拓）

クドグ（愚痴をこぼす）

「繰り返し言う」に由来

共通語と形は同じでも、微妙に意味のずれた方言がある。「クドグ」もその一つだ。

江戸末期に山形県の米沢地方で編まれた方言川柳集『羽陽《うよう》の末摘花《すえつむはな》』に「又来たと女房酒やで口説てる」という句がある。お金もないのに呑兵衛《のんべえ》がまたやって来たと酒屋のおかみにこぼしているのだろう。青森、茨城、神奈川、新潟、富山、山梨、滋賀でも同様の意で用いるようだ。

クドグは「クチト（口説）ク」に由来するとされ、「クドイ」や「クドクドト」とも関係がある。古く鎌倉時代の『保元物語』『古今著聞集』に例が見え、もともと「同じことを繰り返し言う。繰り返し嘆く。祈願する」意であった。秋田では「懇願する」意で用いるそうだが、これも古語の意味をそのまま継承したものだ。

現代共通語の意味は言わずもがなのこと。男性はやや特別な使い方をすることもある。ところで世のお父さん方、あの時の約束は果たせそうですか。

（遠藤　仁）

クビッコノリ（肩車）

首にまたがり目線高く

年末年始はイベントが多いせいか、「クビッコノリ」をよく見かける。クビッコノリは、主に青森、岩手、秋田、そして宮城と山形の北部で使う。クビッコは「クビ（首）」に指小辞のコがついたもの。東北では「雪ッコ」のように指小辞のコが名詞に付くことがあるが、首ッコもその一例。子どもが大人の首に乗るから、クビッコノリ。共通語は肩車。子どもが大人の首にまたがるという同じ状態を表しても、首に注目する方言と肩に注目する共通語の違いがおもしろい。

福島の沿岸部と山間部は「クビコマ」「クビコンマ」と呼ぶ。「首コ＋馬」か「首＋駒」に由来すると思われる。また、本書で紹介したように東北の南部では「テングルマ」「デングルマ」と言う。全国に分布する肩車の方言は「クビ（首）〜」、「カタ（肩）〜」、「テングルマ（手車が転じたもの）」に大体分類できる。

いつもと違う目線で世界を見るクビッコノリの子どもたち。その笑顔に今年もたくさん会えますように。

（櫛引　祐希子）

クビマキ（襟巻き）

防寒の布 用途そのまま

冬の外出に欠かせないものといえば、コートと手袋。でも、首に何かを巻くことも防寒対策になる。それを襟巻きとかマフラーと呼ぶ人がほとんどだろうが、「クビマキ」と呼ぶ人はどれくらいいるだろうか。

襟巻きを意味する「クビマキ」という方言は、青森、秋田、宮城で使われる。首に巻くという用途をそのまま言葉にしているため、防寒という目的が明確でわかりやすい。

クビマキという言葉が最初に文献に登場するのは、中世の末。キリスト教を布教するために来日した宣教師たちの手による『日葡辞書』に「Cubimaqi（クビマキ）首筋をおおうのに使う綿帽子に似た布」と記載されている。青森県出身の太宰治も『斜陽』のなかでクビマキという言葉を使っている。

クビマキは新潟、富山、岐阜のように雪深く冬の寒さが厳しい地域だけでなく、静岡、和歌山、香川、愛媛、高知、熊本、鹿児島、沖縄でも使われる。比較的温暖な気候で知られる地域でも、やはり冬は寒いということだろう。

（櫛引　祐希子）

クモノエズ（クモの巣）

平安期の「網」から派生

方言を聞きに学生たちと宮城県北にある町を訪ねたとき、クモノエズの語源が話題になった。宮城から岩手県南、福島と栃木の一部などで、クモの巣を指して使われる。「クモの絵図」を思わせる言い方だ。

クモの巣のことを古くはクモノイ、あるいは単にイと言い、平安時代中期から用例がある。イには「網」の字が当てられた。このイないしエは西日本各地にも分布することなどから、エズの「エ」は「絵」ではなく、古語イが方言として東西に残存したとみられている。

一方、エズの「ズ」は「巣」と考えれば説明しやすい。クモノイが長く使われるうちに、クモの糸や巣を表すイの意味が忘れられてしまい、そこに「巣」の意味を重ねたとする説が有力だ。岩手県北部から八戸市付近と、遠く離れた隠岐島にはクモノエガキもある。エガキはエに「掛き」あるいは「描き」などが付いたとされる。

クモノエズの細い糸。たぐり寄せてみると、さまざまな語源説が網にかかっている。

（志村　文隆）

クルマントンテンカン（遊び・数え方）

ユニークな名称 由来は不明

宮城南部を中心にした地域で使う。鬼が後ろを向いて「クルマントンテンカン」と唱えている間に、タッチして逃げる遊びのことである。同様の遊びは全国、さらには海外にもあるようだ。全国的には「ダルマサンガコロンダ」が多く、現在も勢力を広げつつあるようだが、関西の「ボンサンガヘヲコイタ」（坊さんが屁をこいた）のほか、各地にいろいろな言い方がある。いずれも十音（文字）からなる表現である。

十音からなるところから、数え方の便法としても使う。十回唱えれば百である。急いで数えたいとき、例えばかくれんぼや、親から「お風呂につかって百数えたら上がってもいいよ」と言われたときに使った。

十年ほど前に仙台市内で実施した調査によれば、年齢層が上になるほど「数え方の便法として使った」という回答が多かったところから、もともとは数え方で、その後遊びの名称になったのかもしれない。ユニークな表現で由来が気になるところだが、よく分からない。

（武田　拓）

グルワ（周囲）

家を輪状に囲んだ部分

昨年はたいへんな雪だった。豪雪地帯では、屋根から降ろした分も加わって、家の周りの雪は相当な高さになった。家に入るのに道路から階段を掘って、というお宅も多かったであろう。

さて、家の周りのことをみなさんの方言ではなんと言うだろうか。東北ではグルリと呼ぶ地域が多いが、これは半ば共通語で、一般の国語辞書にも載っている。一方、太平洋側を中心に使われているのがグルワである。グルワのグルはグルリのグルと同じで、グルッと回るのグルである。グルワのワは輪のことであり、結局、家を輪状にグルッと取り囲む部分がグルワということになる。遊郭を表すクルワという言葉があるが、こちらは何軒かの遊女屋をクルッと囲むように仕切りを作ったからで、クルとグルとの違いはあるものの、グルワと同じ語源である。

このほか、岩手のゲグリ、宮城南部から福島北部にかけてのグルリモッケなども特徴的な方言である。特に雪の多い年は、家のグルワに土が現れるのが待ち遠しい。

（小林　隆）

クレル（やる）

「与える」使い分けなし

ヤル、クレル、モラウの微妙な関係について見てみよう。品物のやりとりに関する三語だが、共通語では例えば次のように言う。「おれは孫に菓子をヤッタ」「孫がおれに菓子をクレタ」「おれは孫に菓子をモラッタ」。これは、話者が他者に物を与える場合は「ヤル」、他者が話者に物を与える場合が「クレル」、そして、話者が他者から物を受け取る場合に「モラウ」という使い分けになっている。

それでは東北はどうか。「おれ、孫さ菓子クレタ」「孫、おれさ菓子クレタ」「おれ、孫に菓子モラッタ」。これを見ると、「ヤル」「クレル」の使い分けがない。つまり、物を与える場合は、話者からでも他者からでも区別なく「クレル」、一方、物を受け取る場合は「モラウ」、というシンプルな構造になっている。このしくみは九州や沖縄にもあり、日本語の古い姿を残している可能性も指摘されている。

さて、難しかっただろうか。混乱しそうな方は、紙に書いて整理してみることをお奨めする。

（小林　隆）

クロ（あぜ）

水田守る力強さにじむ

水田の境界である「あぜ」。力強い一本の線が、田んぼの土と水を押さえている。そばに行くと、青いフグリの小花の服をまとっていた。

「アゼ」は西日本を中心に広く分布する。一方、東北と関東、新潟北部のほかに、遠く長崎と熊本などで使われるのがクロである。東北ではタノクロもよく聞かれる。「あぜ」の大きさや形などによって、使い分けのある地域もある。

クロは「アゼ」の地域を取り囲むように分布していることから、古くからあったクロの分布領域を、後に発生した「アゼ」が分断したとみられる。この新古の順序は文献上でも同じで、平安時代初期から登場するクロに対して、「アゼ」はやや遅れて平安時代中期に現れた。「アゼ」は関東や新潟北部にも入り込むが、東北ではクロが強固にその領域を守っている。

震災のため、あぜの土を固める「クロ塗り」さえできない水田もある。しかし、東北のクロには、古くから人の手で大切に固められ、守り抜かれてきた力強さが必ず備わっている。

（志村　文隆）

クロコブシ（くるぶし）

丸い形 足の「こぶし」に

言葉は思いもよらない変化を繰り返す。足のくるぶしを意味する言葉もそのひとつである。そもそもクルブシという共通語は、丸みを表すクルがフシ（節）に付いたもので、室町時代に生まれて東日本に広まった。ところが、その途中でさまざまな形を生みだす。

まず、関東でルがロとなり、クロブシが生まれる。ついでブがボに取り換えられたクロボシという言い方も生じる。今でも青森や福島に残るように、これらの語形は東北に伝わるが、そこでさらなる変化が起こる。岩手を中心としたクロコブシは、くるぶしが「こぶし」であるととらえられた結果である。これが秋田ではクロコボシにもなる。また、ころころしているから宮城ではコロコブシとも言う。一方で、クロもコロも取り去った、ただのコブシという形が宮城、山形でできあがる。しまいには、くるぶしは「こぶ」に似ているということで、単にコブとだけ言う地域も現れた。

変幻自在、言葉の変化は方言の中にたどるのがおもしろい。

（小林　隆）

クロチヨル（あざになる）

内出血で皮膚が黒色に

硬い物に体の一部分がぶつかってしまうと、痛いだけでなく、その部分の皮膚がしばらくの間黒っぽくなることがある。これを宮城、岩手を中心に、クロチヨルという。もっとも、血管から漏れ出た血が黒っぽく見えるのであって、体内に黒い血があってそこに寄って（集まって）きたというわけではない。

東北ではほかに、福島を中心に「ブチル」、日本海側で「シヌ」などという。命名の発想の違いがおもしろい。秋田南部の「ウルム」は平安時代の辞書『和名類聚抄《わみょうるいじゅうしょう》』にも載っていて、古くは中央でも使ったようである。「アオタンデキル」はもともと北海道の若い世代の間で広がったが、現在は首都圏を含む東日本各地、大阪でも使っている。

屋外で元気に遊んだり、取っ組み合いのけんかをしたりする子どもが少なくなった。クロチヨルのは、筆者のようなそそっかしい人間ばかりなのかもしれない。

（武田　拓）

クワゴ(桑の実)

蚕の異名、地方では別物

山形市の蔵王山麓《ろく》で、地図を確かめようと道端に車を止めた。そこはおあつらえむきに木陰になっていたが、地面には何やら黒いものがたくさん落ちている。見上げるとそこには完熟した「クワゴ」が鈴なりだった。

「桑子(クワコ)」は万葉の昔から「蚕」の異名とされてきたが、薬になる天然の産物を解説した江戸時代の文献『重訂本草綱目啓蒙《じゅうていほんぞうこうもくけいもう》』(一八四七年)に「和名クハノミ　クハイチゴ　クハコ　奥州」とあり、地方では「桑の実」を指す言葉として知られていた。現代方言でも、クワゴは岩手、秋田、宮城、山形、福島、栃木、新潟、クワイチゴは岩手、新潟などに残っている。

山形市周辺も、かつては養蚕が盛んで、クワゴは目や耳によいとされてきた。童謡「赤とんぼ」にも歌われ、キイチゴを細長くしたような実だが、口に含むと甘酸っぱく美味で、一面に広がる桑畑の風景とともに子どものころの記憶がよみがえった。

(遠藤　仁)

ケ（思い出しの表現）
昔話の語り口と共通性

「いまは昔、竹取の翁といふもの有りけり」。有名な『竹取物語』の冒頭である。この部分、なんとなく昔話の出だしと似ているのではないか。例えば、仙台弁風に「むかしむかし、竹取の翁つもん居たっけなあ」と直してみると、ぐっと昔話の雰囲気が出る。古典の物語と、昔話の語り口とは、意外にも共通性が高い。

ところで今、竹取の「有りケリ」を「居たっケなあ」と訳した。「ケリ」と「ケ」、形の類似からも分かるように、東北方言の「ケ」は古典語の「ケリ」に由来する。「有りケリ」も「居たっケなあ」も、はるか昔を思い出すような感じだが、その点でも両者はよく似ている。

しかし、仙台のケは、「太郎、さっきまで勉強しったっケよ」のように、つい今しがたのできごとでも用いられる。さらに、「三時に行ったっケ、誰もいねがった」のような使い方までできる。これらは古典にない独自の用法である。古くて新しい、この二つの顔をもつ点が方言の大きな魅力なのである。

（小林　隆）

ケァンド（道路）

旅への郷愁漂う「街道」

七ケ宿街道（宮城県七ケ宿町）の湯原宿に追分の碑があり、「右は最上海道」「左は米澤海道」と刻まれている。

カイドウは、室町時代までもっぱら「海道」と表記された。もともと「海沿いの道」や「その道に沿った地域」を指したが、必ずしも海端を通らない道もあるため、江戸時代以降は「街道」と書かれるようになった。世古正昭『細倉の言葉』＝一九五六（昭和三十一）年＝には「けやぁど」とあり、小道・裏道ではなく、人通りの多い広い道路を指す。

さて、最上海道を進み、千蒲《ひかば》宿を抜けると国境の金山峠。途中に清水も湧いており、木々を透かして上山城下の街並みが遠望できる。山形・秋田の諸大名も、ここで一服、旅の疲れを癒やしたことだろう。「奥州街道」「日光街道」など、地方名や帰着点を冠した呼び名は、ノスタルジックな語感がある。街道は、車を降り、自分の足で歩いてみて、はじめてその良さがわかる。旅のロマンが秘められていて、思わぬ景観に息をのむことがある。（遠藤　仁）

ゲー（〜かい）

有声化し連母音が融合

「ああ、そうかい」という意味で「アー、ホーゲー」と相手に返事したつもりが、方言を知らない相手に「阿呆《あほう》かい」と誤解されそうになったという話を、かつて宮城南部で聞いた。ゲーは、文末に付けて疑問の意味を表す共通語の「カイ」が有声化して（濁音になって）「ガイ」になり、さらに連母音（母音が続いたもの）のアイが融合してエーとなった結果できた。

ゲー、ガイとも福島で使うが、隣接する宮城南部の亘理、白石地方でも使う。さらに、同じ宮城南部の角田、丸森地方では「ガイン」を使う。ただし、これらは使う人、使う相手によって使い方に差が見られるようだ。

宮城では「亘理ゲーゲー」という言い回しを耳にすることがある。これは亘理の方言の特徴を指摘したものである。この「亘理ゲーゲー」には続きがあるようだ。そして、ほかの地方についても「仙台ベッチャ」のような、方言の特徴についての言い回しがありそうで、今後調べてみたい。

（武田　拓）

ケーキ（見栄え）

平安時代は「景色」の意

日本の景気（ケーキ）はあいかわらず先が見えない。だが、そもそもケーキという言葉は、現在のように経済の状況を表したわけではない。平安時代は景色や風景の意味で使われ、鎌倉時代からは見た目の様子を表す言葉として使われた。ケーキが経済の状況を表す言葉として使われるようになったのは、江戸時代の終わりである。

宮城と山形には、鎌倉時代から使われたケーキの意味が残っている。宮城では物の見栄えや体裁が悪いことを「ケーキが悪い」と言う。また、山形では野菜の色や顔色のことをケーキと言う。だから、「ケーキの良い茄子《なす》」と言えば、つややかな紫色をした茄子のことである。

昨今の猛暑の影響で、野菜の値段が高騰。そのため、今まで敬遠される傾向のあった色が悪く見栄えのしない野菜が、安価を理由に売れているらしい。ケーキの悪い野菜を買う消費者の行動が、日本のケーキを少し上向きにしてくれるかもしれない。（櫛引　祐希子）

ケーナ（腕）

二の腕指す「カイナ」原形

原形は「カイナ」で、『古事記』『万葉集』の時代から「肩から肘までの間、二の腕」を指す言葉として用いられた。江戸後期の方言集『仙台方言』（一八一七年頃）に「カイナ　ウデノコト」と見え、「ウデ」の台頭にともない次第に方言と意識されるようになった。

カイナは青森、秋田、岩手、宮城、福島ほか全国的に「腕」の意で用いられるが、沖縄では「肘から手首までの間」、鹿児島・沖縄の一部で「肩から肘までの間」、岩手の一部で「手」、八丈島で「肩」、島根・沖縄の一部で「肩甲骨」、三宅島で「脇の下」、奈良・鳥取の一部で「肘」を意味するなど、土地によって指す部位が異なる。

共通語のウデは、元来「肘と手首との間の部分」を指し、「二の腕」を指すカイナとは分担がなされていたはずだが、後に腕全体を指すようになり、カイナと交代するに至った。現代語では、相撲でいう「カイナヒネリ」「カイナを返す」など、やや古風な慣用的表現にひっそりと息づいている。

（遠藤　仁）

ケカズ（飢饉）

平安から「飢渇」と記す

墓参で通りかかる寺の一角に、飢饉《ききん》の供養塔がある。東北でも、とりわけ江戸時代は、飢饉による被害が大きかった。

飢饉を指して「飢渇」と記し、これを平安時代よりケカチ、また鎌倉時代にはケカツとも言った。江戸時代には盛岡や仙台などの東北各地の方言集にも現れ、ケカズやケガズと発音されてきた。青森、岩手県北、秋田、山形の庄内で使われる所が多い。

一方、飢饉を表す東北方言には「ガス」もある。こちらは、岩手県南から宮城、山形、福島のほか、島根や沖縄で用いられる。漢語の「餓死」に由来するが、文字通りの意味とは異なる。飢饉のあった年や農作物の不作年を指して「ガスドス」とも言う。「ガス」は、江戸時代の方言集などに見られないことから、以前からあったケカズの分布領域に新しく広がった方言とみられる。

各地にひっそりと立つ飢饉の供養塔。そして忘れ去られようとしている方言のケカズは、今も飢饉への備えを静かに語り続けている。

（志村　文隆）

ケサイ（ください）

上方起源　敬意含む表現

仙台では「これケサイ」「あれケサイ」という言い方をよく耳にする。ケサイは「ください」の意味で、補助動詞的に「買ってケサイ」「読んでケサイ」などと使うこともできる。敬意の含まれた表現なので、もし相手にこう言われたら、自分は丁寧に扱われているのだと考えなければいけない。少なくとも、「これケロ」「買ってケロ」などと言われるよりは上である。

このケサイ、切れ目はケとサイの間にある。前方のケは「呉《く》れ」の発音が極端に縮まったものである。後方のサイは「見サイ」「食べサイ」のようにも使われ、もとをたどれば中世から近世にかけて、上方で使われた言葉であることが知られている。

ケサイと似た言い方にクナイという言葉もある。これは、「呉れなさい」からクンナイを経てクナイとなったもので、やはり軽い敬意が感じられる。ケサイもクナイも末尾に鼻音を響かせて、ケサイン、クナインと発音されると、同じ「ください」の意でも、何とも柔らかい雰囲気が漂う。

（小林　隆）

ケセネ（穀物、米）

日常食 地域でさまざま

川に流れてきた赤い椀《わん》を拾った女が、裕福になった。柳田国男がまとめた『遠野物語』の第六十三話である。赤い椀は山奥の異郷「マヨイガ」から流れてきたらしい。これを、穀物の入れ物ケセネギツに入れて、ケセネを量る器として使ったところ、いつまでもケセネが減らなかったという。

ケセネは、ケシネ、キシネとも言い、古くは、江戸中期の全国方言集『物類称呼《ぶつるいしょうこ》』（一七七五年）に「東国西国ともに雑穀を　けしねと云」とある。

青森、岩手、山形には、穀物や雑穀を指して使われる地域がある。また、東北各地のほか、関東、北陸、中部、九州には、飯米の意味で使われる所もある。東北北部には、稗《ひえ》だけを指す地域もある。

ケセネには、普段に食する米を言う「褻《け》の稲」や「食《け》の稲」などの語源説がある。東北の日常食が何だったのか、各地のケセネの意味が教えてくれそうだ。減らなかったケセネとは何だったのだろう。昨年は柳田の没後五十年であった。

（志村　文隆）

ケックリ（しゃっくり）

ひくつく様子 音で表現

しゃっくりのことをヒャックリと言って笑われたという話を耳にする。たしかに、ヒャックリは国語辞書には載っていない。しかし、日本語ではシとヒの交替はよく起こる。また、ヒックヒックとひくつく様子は、しゃっくりよりヒャックリの方がぴったりくる感じすらある。このヒャックリという言い方は東日本に多く、西日本では同じヒの音でもヒックリとなる。

さて、東北はどうかというと、岩手、宮城、山形あたりはケックリやキックリと言っている。語の頭がカ行になる点が特色だが、このうち、キックリは西日本にも見られる。もっとも、濁ってギックリになることが多く、東北のキックリとは微妙に発音が異なる。

以上はしゃっくりの名称の話だが、それでは、しゃっくりをする様子はなんと表現するか。以前、宮城の北部で調べたときにはケクケク、ケックラケックラが出てきた。名称との対応から言えば、キクキク、ケックリケックリなどもあってよいはずだが、まだ見つけていない。

（小林　隆）

ケツヌケ（戸を閉めないこと）

「忘れやすさ」の発展形

暖房器具を使う時期に気を付けたいのは、暖かい部屋から寒いところに出ていくときの所作だ。開けた戸をきちんと閉めないと、部屋に残っている人から「何だ、ケツヌケだど、ちゃんと閉めでがいん（閉めていきなさい）」とすぐに声が掛かる。ちょっとお手洗いに、というようなときでも情け容赦はない。

宮城、福島では、ケツヌケまたは「シリヌケ」と表現する。俗な言い方としては、見たり聞いたりしたことをすぐ忘れる、あるいは物事のまとまりやしめくくりをつけない行為や人物をさすが、方言としてはさらにそこから発展して、このような場面でも使う。

熊本では逆に、戸を閉める行為を「アトゼキ」と表現し、注意を喚起《かんき》する張り紙もあるそうだ。「セキ」は「塞《ふさ》ぐ」「堰《せ》き止める」の意味の古語「セク」がもとになったものである。

ケチるのではなく、無駄なエネルギー消費を防ぐ一環として、冬はケツヌケをしないように気を付けようと思う。

（武田　拓）

ゲッパ（最下位）

末尾の卑称「ペ」が変化

オリンピックでは何でも一等になる人が目立つ。だが、地域社会では、逆に最下位になる人に多くの視線が集まるようで、方言的にはそちらの種類が豊富である。

東北方言も例にもれず、青森でゲッパ、ドッペ、岩手でビリッコ、ビリケツ、スケッポ、宮城でゴロケツ、ドロケツ、ドンケッポなどと使われている。また、秋田はゲッパのほか、ゲッピリ、ビリケツなどもあり、山形はゲッパ、ゲッペ、ゲッポ、福島はビリケツ、ゲスッポなどがひしめいている。大局的に見ると、太平洋側は～ケツ系統、日本海側はゲッパ系統が主流である。

語源を探ると、～ケツ系統にはビリケツのように「尻」を意味するビリとケツが複合したものや、強調言葉のゴロ、ドンなどがケツの頭についたものなどがある。ゲッパ系統は、ケツに卑称のペがついたケツッペがゲツッペ、ゲッペとなり、さらにゲッパ、ゲッポなどに変化したと考えられる。いずれにせよ、語頭は濁音で促音や撥音が入るというパターンが多い。

（小林　隆）

ケッパレ（がんばれ）

気張り過ぎには注意を

方言スローガンにはガンバッペが多いが、これと並んで「けっぱれ！東北」の標語も目につく。ケッパルは東北でも宮城、岩手、秋田、青森で使われる方言で、気力を奮い起こす、元気を出すといった意味である。有名な方言であるわりには語源が知られておらず、「蹴り張る」ではないかという説もあるが、気張《きば》るの変化と見たほうがよさそうである。張るものには、気のほか、我《が》、意地、情《じょう》などがあり、それぞれ、「頑張る」という動詞や、「意地っ張り」「情っ張り」という名詞になっている。

ところで、「気張る」というと体に力を入れてうんうんうなる感じがあるが、それだとすぐに息切れしてしまいそうである。一方、京都弁では日常的なあいさつとして軽く「お気張りやす」と言うのだそうで、これだと肩の力が抜ける感じである。

「けっぱれ」の心意気を忘れてはならないが、ここはひとつ「お気張りやす」の精神で、長丁場に備えてゆったりと行きたいものである。

（小林　隆）

ケナルイ（羨ましい）

「異なり」が転じた古語

生活が豊かになったせいでもないだろうが、「ケナルイ」という方言が聞かれなくなって久しい。ケナルイは「ケ（異）」＋「ナリ」の転じたもので、奈良・平安時代から用いられてきた古い言葉である。「他より能力などがすぐれていること」が原義で、後に現代共通語の「けなげな人」にみられるような「殊勝」の意が生じた。

その一方で、自分よりすぐれたものに対する羨望《せんぼう》の気持ちから「羨《うらや》む」意も生まれ、室町時代から用いられている。室町末期の京言葉を収めた『日葡辞書《にっぽじしょ》』（一六〇三～〇四年）にもケナリイ・ケナリゲが記載されているほか、『柳多留』など江戸庶民の言葉を反映する川柳にも読み込まれており、上方、江戸を問わず盛んに用いられていたことがうかがえる。

「羨む」意では、宮城のみならず秋田、岩手、山形ほか全国の広い範囲で、また自分よりすぐれたものに対する引け目から、埼玉、富山などでは「恥ずかしい」意でも用いられる。

（遠藤　仁）

ケヤク（友だち）

親しい関係「約束」から

突然だが、ハリウッドスター同士が結婚する際、離婚した場合には慰謝料をいくら払うかということまであらかじめ協議しておくそうである。合理的と言えばそれまでだが、親しい人間関係に契約を持ち込むというのは、日本人には容易に理解しがたい感覚ではなかろうか。

だが、人間関係に関しては、ここ東北にも驚くべき方言がある。青森や秋田の一部では、友だちのことをケヤク、すなわち「契約」と呼び、「私は山田さんとケヤクだ」と言ったりする。この地域では、友だちになる際に何らかの契約を結ぶのだろうか？

実は、契約という言葉がビジネスに特化して使われるようになったのは明治以降のことで、それ以前には単に「約束すること」や「言い交わすこと」を意味していた。そこから、強い絆によって結ばれた人間関係をも表すようになり、東北に残っているのはこちらの意味である。これから友だちになろうという時に、書類に判を押したりするわけではないらしい。

（澤村　美幸）

ゲラゴ（おたまじゃくし）

カエルノコが様々変化

蛙の子をオタマジャクシと言う。もちろん、調理に使うお玉杓子、通称「お玉」と形状が似ているからである。なかなか巧みな比喩であるが、東北ではそうした暗示的な呼び方は好まれない。「おたまじゃくしは蛙の子」の歌にもあるように、この小動物が蛙の子どもであることを明示したカエルノコという言い方が多い。

もっとも、実際の形はさまざまである。宮城でゲルゴ、青森から秋田にかけてゲロゴ、そして、岩手ではゲラゴと呼んでいる。山形にはガエラゴもある。オタマジャクシは関東で使うが、その関東と東北が出会う福島ではオタマッコという言い方がされている。オタマジャクシのオタマと、カエルノコのコが結びついた、関東・東北の融合形と考えられる。

ところで、特撮映画全盛期に幼少期を過ごした私にとっては、ゲラゴなどと来れば、ゴジラ、ガメラ、バラゴンといった怪獣のイメージが頭に浮かぶ。あの小さな動物が巨大な怪獣並みに思えてくるから不思議である。

（小林　隆）

ケリ（〜回）

平安時代の「返り」変化

「ありがとう　何けり言っても　まだ足りぬ」。これは名取市の「方言を語り残そう会」が作成した『負げねっちゃ』の中の一句。あの震災を耳になじんだ方言で詠んだ句集である。回数を表す「ケリ」の語源は、カエリ（返り）。一度去ったものが再び戻ってくることをカエルと言うが、その連用形のカエリはかつて回数も表した。平安時代の『古今和歌集』の仮名序にも用例がある。回数を表すカエリは、東北ではケリに形を変えたが、鹿児島ではケー、沖縄ではケーンに形を変えた。

『負げねっちゃ』には、雷や地震で危険を感じた時や驚いた時に唱える言葉の「マンゼラグ」が登場する句が二つある。「まんぜらぐ　早ぐおさまれ　神だのみ」「まんぜらぐ　唱え届かず　大津波」

あの日、目の当たりにした自然の猛威。だが、どんな危険にあおうとも人は自然とともに生活を築いてきた。「閖上よ　泣きべそかぐな　恵みの海」。震災から二年。「やくさらに月冴えて見ゆ　三一一」

（櫛引　祐希子）

ケリコ（釣り銭）

返りに「コ」付け愛着表現

買った品物の合計金額をあっという間に暗算し、前垂れのポケットから釣り銭を取り出す、というのは八百屋さんの得意技だった。今ではそうした光景を見る機会も少なくなった。

この釣り銭、青森、岩手、秋田などではケリとかケリコとか呼んでいる。ケリの語源は「返り」であり、それにドジョッコ、フナッコのコがついたのがケリコである。これに対して、ケーシとかケーシデーという言い方が宮城や福島で使われる。こちらは「返し」が語源と考えられる。デーは代金のダイであり、ケーシデーは「返し代」ということになる。おもしろいのは、「返り」「返し」系の言い方が遠く離れた琉球諸島にも見られることである。釣り銭を表す古い日本語が残ったのかもしれない。

ところで、「返り」の方にはコが付くが「返し」の方にはコが付かない。「返り」は釣り銭を受け取る側からの命名である。多少でも戻ってくるお金に愛着を感じる心理が、「返り」にコを付けさせたのかもしれない。

（小林　隆）

ケンノンタカリ（潔癖症）

剣呑の意が仙台で変化

仙台では人の性格を表すのになんとかタカリ、という言葉を使う。本書にも、ヨクタカリ（欲張り）、オクビョータカリ（臆病者）が登場している。土井八枝は『仙台の方言』の中で、このタカリを「その物事を身に着け、又は習慣とする者」と説明する。ただし、「よい意味のことには使わない」とも注記し、狐憑《つ》きのキツネタカリ、怠け者のブラリタカリなどを挙げている。

『仙台の方言』にはケンノンタカリという言葉も載っているが、これは「病的に潔癖な人」を指す。ケンノンは「剣呑」という字を当て、すでに江戸時代に危険を不安がる様子を表す言葉として文献に見られる。そういう性質の人を意味する「剣呑性《けんのんしょう》」という言い方もあった。それが、仙台では対象を危険から不潔さに移し、～タカリの一員に加えたのがケンノンタカリだったと考えられる。

それにしても、ノロだインフルエンザだと騒がれる今日、ケンノンタカリと言われるくらいの用心が必要かもしれない。

（小林　隆）

コ（小ささ、少なさ、親しみを表す）

世代や地域 使用法に差

東北にいると、たくさんの「コ」に出合う。お茶ッコ。椀《わん》コ。皿ッコ。餅ッコ。湯ッコ。馬ッコ。魚ッコ。日用品や生き物だけでなく、けんかッコのように行為を表す言葉に付くコもある。

コの正体は指小辞と呼ばれるもので、青森、秋田、岩手、宮城でよく使われ、ある言葉に小さいとか少ないといった意味を加える。たとえば鍋ッコは比較的小さい鍋、雪ッコは降り始めの少量の雪、風邪ッコは軽い症状の風邪のことである。

また、コには親しみや愛情を表す機能もある。だから犬ッコ、花ッコと言うと、犬や花が小さいということだけでなく、犬や花を大切に思う気持ちも表される。

最近の調査によると、比較的小さい山を表す山ッコは高年層でも使用が衰退している。一方、飴《あめ》ッコは若い世代でも使用が安定している。どんな物に付くかでコの使用には世代差や地域差があるようだ。

さて、今、皆さんの周りにあるどんな物にコは付きますか。

（櫛引　祐希子）

コエル（引っ越す）

山・川の向こうで新生活

三月は引っ越しの季節だが、地震で一変した。私が被災した仙台市内では水や食料を求める人が長蛇の列をなし、けたたましいサイレンを鳴らす消防車や救急車が走りまわった。引っ越し用のトラックはどこにも見当たらない。

引っ越すという意味の「コエル」が報告されているのは、秋田、宮城、山形、福島の一部。山や川、関所を通って向こう側に行くという意味は、古語の「コユ」として『日本書紀』や『万葉集』で確認でき、現代でも共通語としても使われている。おそらく、この意味が東北で変化して、引っ越すことも表すようになったのだろう。引っ越すということは、山や峠、川や谷をコエルことに他ならない。

引っ越しのトラックは見当たらなくても、引っ越しがなくなったわけではない。就職や進学で新しい場所での生活を予定している人たちがいる。思いがけないかたちで、故郷を後にする人たちがいる。みんなさまざまな思いでコエル。新しい生活が待っている場所に。

（櫛引　祐希子）

コーカ（便所）

僧堂背後の洗面所 表す

イエズス会の宣教師たちが編んだ『日葡辞書《にっぽじしょ》』（一六〇三〜〇四年）には、約三万二千八百語の日本語が収載されている。宣教師たちは日本で布教するために日本語を学ぶ必要があった。『日葡辞書』には収載されている語の意味だけでなく、使用地域や使用者の情報も記載されている。

たとえば、今回紹介する「コーカ」は、「シリエノ タナ すなわち ショウベンジョ 婦人語」とある。この記述によって、便所を意味するコーカが中世末には女性の言葉として認識されていたことがわかる。コーカの語源は「後架」。禅寺で僧堂の後ろに架け渡した洗面所を意味したが、やがて便所を意味するようになった。近世後期まで女性の言葉だったが、その後は男性も使うようになった。

コーカは東北六県の他に千葉、山梨、長野、新潟、三重、島根、徳島でも使う。女性が使う言葉から方言への変身。『日葡辞書』にコーカを婦人語と記録した宣教師の驚く声が聞こえてきそうだ。

（櫛引 祐希子）

コーリミズ（かき氷）

文豪も使用 昔は共通語

私の故郷、新潟ではかき氷をコーリミズと言った。ところが、学生時代、関東出身の同級生から、それはおかしいと指摘された。共通語はカキゴーリであって、コーリミズは「氷水」の字のとおり、氷を浮かべた水のことだと言うのである。そのときはなるほどと思って納得したが、最近になってかき氷をコーリミズと呼ぶ地域がほかにもあることに気づいた。例えば、北海道や青森でもこの語を使うらしい。山形ではコーリスイと言うようだ。

歴史的に見ると、もともとコーリミズは、友人の言うごとく、氷を入れた、あるいは氷のように冷たい水を意味した。しかし、明治にはかき氷をも指すようになり、近代の文豪、夏目漱石や志賀直哉も作品の中でこの語を用いている。ということは、コーリミズは、カキゴーリという言い方が現れる以前の、れっきとした共通語であったと考えられる。

それを知っていれば、友人に対して簡単には引き下がらなかったものを、今となっては少々残念である。

（小林　隆）

コグ（道のないところを押し分け進む）

歩くさま 船に見立てる

雪の日の朝、足跡のない膝までぬかるような雪原に道を付けていくことを山形県北村山地方で「アラミヅコギ（新道漕ぎ）」という。

「コグ」は、鎌倉時代の文書や室町時代の軍記物『義経記』に現れる古語で、東北地方では雪の中や「クサヤラ（やぶ）」など、道なき道を押し分けて進むことに言う。歩きにくいところを行くさまが櫓《ろ》や櫂《かい》を使ってかき分け進むことになぞらえられたのだろう。ちなみに「ヤラ」は「ハラ（原）」の転じたものとみられ、「ハダヤラ（畑地）」「タンボヤラ（田地）」など他の語に付いて、それが広がっている様子をいう。

一方、ぬからずに歩ける堅さになった雪を北海道、東北地方で「カダイギ」と呼ぶことは、本書でも取り上げられている。冷え込んだ朝、道のないところを自由に歩けるのは、登校時の子どもにとって、この時期ならではの楽しみだが、それはまた雪国にも春の訪れが間近であることを知らせるものだ。

（遠藤　仁）

【キ】

【ク】

【カ】

【ウ】

【エ】

【オ】

索　引
（50音順）

小林　隆（こばやし・たかし）

●東北大方言研究センター教授。新潟県上越市出身。東北大大学院修了。専門は方言学、日本語史学。関心分野はものの言い方や話しぶりの東西差。仙台市青葉区。1957 年生まれ。

志村　文隆（しむら・ふみたか）

●宮城学院女子大教授。花巻市出身。東北大大学院修了。専門は方言学、日本語学。関心分野は農・漁業社会と方言。仙台市泉区。1961 年生まれ。

櫛引祐希子（くしびき・ゆきこ）

●追手門学院大講師。横浜市出身。東北大大学院修了。専門は方言学、日本語史学。関心分野は方言の意味変化と社会的位置づけ。大阪市。1975 年生まれ。

遠藤　仁（えんどう・ひとし）

●宮城教育大教授。山形市出身。東北大大学院修了。専門は方言学、日本語学。関心分野は方言と古語の関係。仙台市泉区。1957 年生まれ。

武田　拓（たけだ・たく）

●仙台高等専門学校准教授。仙台市出身。東北大大学院修了。専門は方言学、日本語学。関心分野は若者の言語使用。仙台市青葉区。1966 年生まれ。

澤村　美幸（さわむら・みゆき）

●和歌山大准教授。山形市出身。東北大大学院修了。専門は方言学、日本語史学。関心分野は方言の社会的側面。和歌山県海南市。1980 年生まれ。

とうほく方言の泉〈上〉
ことばの玉手箱

発　行　2013年9月8日
著　者　小林　隆　志村　文隆
櫛引祐希子　遠藤　仁
武田　拓　澤村　美幸
発行者　岩瀬　昭典
発行所　河北新報出版センター
〒980-0022
仙台市青葉区五橋一丁目2-28
河北新報総合サービス内
TEL　022(214)3811
FAX　022(227)7666
http://www.kahoku-ss.co.jp
印刷所　山口北州印刷株式会社

定価は表紙に表示してあります。
乱丁、落丁本はお取り替えいたします。

ISBN　978-4-87341-294-8